おうちで一流レストランの味になる

ロジカル洋食

前田量子

主婦の友社

はじめに

パスタを作ったけど、アルデンテにはほど遠く、ブヨブヨになった。
ハンバーグは肉汁が出てしまい、いつも生焼け……
私の料理教室でもこんな声をよく耳にします。

レストランで食べた、あの味わいがうちでも再現できたら……
そんな憧れがこの本のコンセプト。

むずかしいイメージがある洋食ですが、

ほとんどの料理の味つけは、塩、こしょうが中心なので、和食よりもシンプルです。

ただし、なかでもフランス料理は宮廷料理から発展し、ホテルなどのレストラン経由で日本に伝わった背景から、温度やタイミングなど、調理テクニックが大切にされてきた料理でもあります。

そこで、この本では、味つけ（塩分濃度）はもちろん、温度、タイミング（時間）、手順に至るまで、調理科学の視点からすべて見直し、また何度も検証を重ねて、できる限り数値化しました。そして、料理初心者が作っても簡単にできるようなレシピに落とし込みました。

家庭で作るのはむずかしいとされるホワイトソースは、市販のルウは使わずに、合理的に作れる方法を調理科学にのっとって解説。
そして、人気の高いパスタ料理。水分量や塩分量、時間、ソースなどが複雑にからみ合っていて、実はとてもむずかしいのです。この本では従来の方法とは一線を画す「前田式」ともいえる作り方で紹介します。

この本があれば、おうちのごはんがレストラン級に！
全レシピにプロセスの動画をつけたのであわせてチェックしてください。
あなたの料理の偏差値をさらに上げるお手伝いができればうれしいです。

前田量子 管理栄養士

CONTENTS 目次

① マスターしたい 人気のレストラン メニュー 005

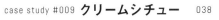

② 洋食で よく使うソース 037

③ 簡単なのに見栄えと ボリュームは抜群 055

④ 知ってなるほど！ 料理のデータ 097

調理科学で、料理のコツやなぜ？がわかれば、レストランの味がおうちで楽しめます

調理の科学で解説する、洋食のレッスン

この本では、レストランなどで人気の料理から厳選し、誰が作っても、いつでも、家庭でプロ級の仕上がりになるよう、レシピを調理科学の視点から考えて解説しています。もちろん、『誰でも1回で味が決まるロジカル調理』『ロジカル和食』同様、おいしいでき上がりの目標を設定し、そのためにはどうすればよいのかを調理科学の観点から解説。プロセス写真を追って作りながら、同時に調理の理論が身につくようになっています。

この本を読んで料理するときに知っておきたい大前提

- 小さじ1は 5㎖、大さじ1は 15㎖ です。
- 重量は重さ（グラム）、容量は容積（ミリリットル）です。
  調味料はものによって比重が異なります。容積＝重さではありません。
- 米 180㎖というのは、米を計量カップの 180㎖の印まで入れています。または、炊飯器に付属の計量カップを使います。重量は150gで、1合ともいいます。
- バターは特に表記のない場合は加塩のものを使用しています。
- こしょうは粉末のものを使用しています。容器によって口の大きさが違うので、口が大きいときは注意して振ってください。
- 電子レンジの加熱時間は 600 Wのものを使用した場合です。500 Wの場合は1.2倍してください。機種や使用年数などによって、多少異なる場合があります。
- フライパンは、フッ素樹脂加工のものを使用しています。
- フライパンや鍋など調理器具の材質や口径、熱源の種類や強さによって、加熱時間や水分量などは変わります。レシピ内の数値は目安です。
- 野菜を洗う、皮をむくなどの手順の表記は省いています。

①

マスターしたい 人気の レストラン メニュー

皮パリチキンソテー

焼き方を少し工夫するだけで、パリパリのクリスピーな皮、しっとりふっくらの身。味つけは塩だけなのに、まさにレストランのような極上の仕上がりです。

つけ合わせはほかに、しめじ、まいたけ、なす、パプリカ、ピーマン、じゃがいもをいっしょに焼いてもおいしい。

仕上げ memo

動画もチェック!

目標:
おいしい
でき上がり

GOAL!
1
皮がパリッと
している

GOAL!
2
焦げていない

GOAL!
3
身はしっとりと
している

おいしさの
公式:

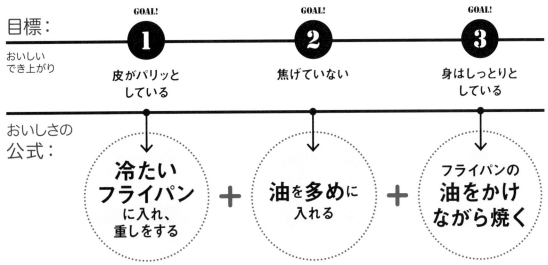

**冷たい
フライパン**
に入れ、
重しをする

＋

油を多めに
入れる

＋

**フライパンの
油をかけ
ながら焼く**

**熱したフライパンに入れる
と、たんぱく質が急激に収
縮するため、皮に凸凹がで
き、フライパンに当たる部
分と当たらない部分ができ
るため、焼きかげんに差が
出てしまう。皮をクリスピ
ーな食感にするには、皮目
を下にして、冷たい状態の
フライパンに入れ、常に皮
の全面がフライパンに当た
るよう、重しをして焼くこ
と。**

皮が焦げないか心配する人
も多いが、鶏肉の皮は焦げ
にくい。ただし、**油が少な
いと、フライパンのあいて
いる部分の温度が上がりす
ぎて焦げ臭が肉に移ってし
まう。**このため、油を多め
に引くと、フライパン表面
の温度が均一になり、熱む
らが防げる。油の量はフラ
イパンの大きさにもよる
が、鶏肉1枚で大さじ2
が目安。

肉がぱさついた焼き上がり
になるのは、加熱により、
肉汁（水溶性たんぱく質や
脂肪など）が流れ出てしま
うから。それを防ぐには、
フライパンの油を肉にかけ
ながら焼くとよい。これを
フランス料理の技法で〝ア
ロゼ〟という。**油といっしょ
に肉汁を肉に戻し、油が肉
表面の膜となって水分の蒸
発を防ぐことでしっとりと
焼ける。**

材料:
2人分

鶏もも肉	2枚	(約500g)
塩	約5g	(小さじ1弱 肉の重さの1%)
にんにく	1かけ	
好みのハーブ (ローズマリー、タイムなど)	各2本	
オリーブ油	大さじ4	

[つけ合わせ]

エリンギ	1本
ズッキーニ	5cm

下ごしらえ　厚さを均一にする

溝(中央右の穴のよう
に凹んだ部分)の横、や
わらかく太い筋を切る

上部の出っぱった部分
は包丁で切り、凹んだ
溝部分にはめ込む

溝部分

溝の斜め下、白い繊維
状の筋を切る。はさみ
で肉ごと何カ所か切り
込みを入れればOK

肉が盛り上がって厚い
部分は、外側から切り
込みを入れ、内側に倒
す

大きめの
一口大に切る
↓

縦4等分
↓

半分に切って
つぶし、
中心の芽を除く
↓

エリンギ

ズッキーニ

にんにく

作り方：

1

鶏肉に塩を振る。
フライパンに皮目を下にして
入れ、油を回しかけ、
にんにく、ハーブをのせる

塩はこまかい
さらさらのものが
向いている

肉の重さをはかり、その上で塩を振るのが理想。塩
は、身側：皮側＝7:3の割合で振るとよい。

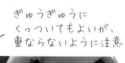

ぎゅうぎゅうに
くっついてもよいが、
重ならないように注意

必ず、冷たい状態のフライパンに入れること。24
〜26cmのフライパンで2枚焼ける。

2

ふた、または
皿と重しをのせ、
弱めの中火で3分焼く

♨ 弱めの中火 ⏱ 3分

重しをのせる台として、鍋のふたまたは皿をのせる。
並べた肉より一回り小さいほうが、肉の焼けぐあい
がチェックできてよい。

重しは水を入れた鍋やボウルでOK。目安は1kg以
上なので、1ℓの水を入れて。

3 重しとふたをはずし、2分焼く。裏返して、30秒焼く

 弱めの中火　 2分 ⇒ 裏返して30秒

油がはねるのが気になる場合は、下の写真のようにクッキングシートで紙ぶたを作り（p.106）、かぶせて焼くとよい。

クッキングシートは鍋に合わせて切って穴をあける

↓

裏返して身側を焼くが、殺菌のためなのでごく短時間でよい。ハーブとにんにくは油のところに移し、香りを油に移す。

4 再度、皮目を下にし、つけ合わせ野菜を加える。紙ぶたをして4分30秒焼く。1分ごとに油をかける

 弱めの中火　 再び裏返して4分30秒

つけ合わせ野菜は、フライパンのあいたところに加えて鶏肉といっしょに焼く。

↓

クッキングシートで紙ぶたをする。油はねを防止すると同時に、加熱の効率を高める効果もある。

↓

1分ごとに紙ぶたをはずし、フライパンの油をスプーンで肉にかける。厚みのある部分は集中的に。フライパンを少し傾けると油がすくいやすい。

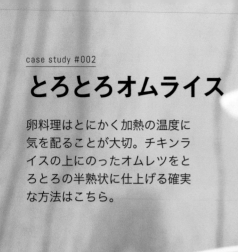

とろとろオムライス

卵料理はとにかく加熱の温度に
気を配ることが大切。チキンラ
イスの上にのったオムレツをと
ろとろの半熟状に仕上げる確実
な方法はこちら。

動画もチェック！

仕上げ memo

チキンライスの上にオムレツ
をのせたら、テーブルナイフ
などで切り目を入れて開く。
トマトケチャップをかける。

目標: おいしいでき上がり

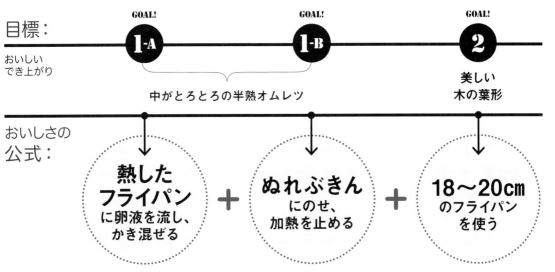

GOAL! 1-A	GOAL! 1-B	GOAL! 2
		美しい木の葉形
中がとろとろの半熟オムレツ		

おいしさの公式:

熱したフライパンに卵液を流し、かき混ぜる ＋ **ぬれぶきんにのせ、加熱を止める** ＋ **18〜20cmのフライパンを使う**

卵がとろとろとしている半熟状態とは、加熱によって固まった部分と、固まっていない部分が混在した、**いわば加熱むらができている状態**。よく熱したフライパンに一気に流し入れることで、火が通った部分とそうでない部分ができる。それを勢いよく混ぜることで、なめらかな半熟状態を作り出している。

卵が半熟状に仕上がる温度は 70 〜 75℃と温度帯が狭い。オムレツの形を作る際、**火を止めても余熱で加熱が進んでしまう**。そこで、半熟状になったら、フライパンをぬれぶきんの上におき、一気に温度を下げる。これで加熱が止まるので、焦らずに成形ができて、初めてでも形がきれいでとろとろのオムレツが作りやすくなる。

オムレツの独特の木の葉形は、**フライパンの縁の丸みでつくられる**。オムレツ1人分に使う卵は2個なので、大きなフライパンでは、丸みと卵のバランスが合いにくい。また、卵を流し入れたとき、大きく薄く広がると、すぐに火が通って半熟になりにくい。オムレツを作るには、18 〜 20cmのフライパンを使うのがよい。

材料: 2人分

[チキンライス]

ごはん (あたたかいもの)	300g	(茶わん2杯分)
鶏もも肉	200g	
玉ねぎ	小1/2個	(80g)
塩	2g	(小さじ⅓)
こしょう	少々	(6振り)
トマトケチャップ	大さじ6	(90g)
サラダ油	小さじ1	

1cm角に切る → ↓

みじん切り

鶏肉

玉ねぎ

[オムレツ]

卵 (L)	1人分2個 × 2
砂糖	1人分小さじ1 × 2
生クリーム (なければ牛乳)	1人分大さじ1 × 2

混ぜる

サラダ油	1人分小さじ1 × 2

下ごしらえ

ボウルに2個（1人分）の卵を割り入れて、どろっとしたかたまりがなくなるまで箸でときほぐす。砂糖、生クリームを加えて混ぜる

チキンライスの作り方：

1

フライパンに油を熱し、鶏肉、
塩、こしょうを1分炒める。
玉ねぎを加えて2分炒め、
ケチャップ半量を加え炒める

中火　30秒 ⇒ 鶏肉1分 ⇒ 玉ねぎ2分 ⇒
ケチャップ30秒

特に玉ねぎは
水分が飛んで
パラッとするまで炒めると、
ごはんが水っぽくならない

鶏肉、玉ねぎの順に加え、そのつどよく炒める。

↓

ケチャップはまず、半量を玉ねぎ、鶏肉と炒め合わ
せ、具材にしっかり味をつける。

2

ごはんを加えて1分炒め、
残りのケチャップを加え、
さらに30秒炒める。
とり出し、1人分ずつ盛る

中火　ごはん1分 ⇒ ケチャップ30秒

ごはんをほぐしながら、よく炒め合わせる。

↓

残りのケチャップは、均一に混ざらなかったところ
をめがけて加えると、むらなく混ざる。

↓

チキンライスは1人分ずつ、それぞれの器に盛る。

オムレツの作り方：

3 フライパンを熱して油を入れ、卵液を一気に流し入れる。卵の端がふくらんできたら、7〜8秒混ぜ、火からおろす

🔥 中火　⏱ 1分 ⇒ 7〜8秒 ⇒ 火からおろす

フライパンは 18〜20㎝ の小ぶりのものを使用。卵を入れたとき、ジュッというくらいにフライパンをじゅうぶんに熱する。

↓

卵を入れたらすぐ端から白く固まり、気泡ができるので、かき混ぜ開始。

↓

箸をフライパンに立てて、周りから中心に向かってグルグルかき回す。6割ほど固まったら火からおろす。

4 すぐぬれぶきんの上にのせる。卵を手前から半分にたたみ、半月形にする。皿にとり、形をととのえ、ごはんにのせる

ぬれぶきんの上にのせるとフライパンの温度が下がり、卵の加熱はこれ以上進まない。

↓

フライパンを斜めに傾け、手前から奥に卵を寄せると簡単に木の葉形になる。

↓

フライパンを逆手に持ち、オムレツの閉じ目が下になるように皿にのせる。

慣れてきたら、皿にとらずに、直接チキンライスの上にのせるとよい

↓

ラップをかぶせ、両手で寄せて木の葉形にととのえると、初めてでも、美しい仕上がりになる。ごはんの上にのせる際は、フライ返しなどで。

ハンバーグ

ハンバーグは生焼けを心配して焼きすぎると、焦げたり、ぱさぱさになったりします。切ったとき中からジュワーッと肉汁が出る仕上がりになる、こね方、成形、焼き方を紹介します。

動画もチェック!

仕上げ memo

ソースの作り方は、ハンバーグを焼いたあと、フライパンの油をきれいにふき、赤ワイン大さじ 3、白ワイン大さじ 1、トマトケチャップ大さじ 1½、中濃ソース大さじ¾を入れ、加熱する。
つけ合わせには、ちぎったレタス、くし形に切ったトマト、スパゲッティ（ミートソースやナポリタンなど）を添える。

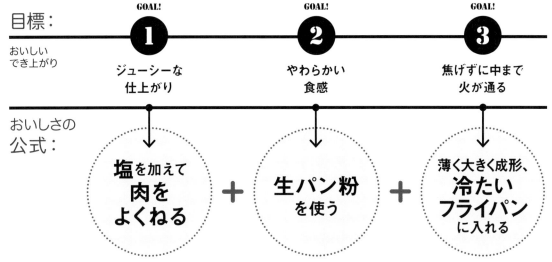

目標:
おいしい
でき上がり

GOAL! **1**	GOAL! **2**	GOAL! **3**
ジューシーな仕上がり	やわらかい食感	焦げずに中まで火が通る

おいしさの公式:

（○）**塩**を加えて**肉を****よくねる** ＋ （○）**生パン粉**を使う ＋ （○）薄く大きく成形、**冷たい****フライパン**に入れる

ひき肉に塩を加えてよくねると、**たんぱく質の成分ミオシンとアクチンが結合して網目構造をつくり、粘着性や保水性がよくなる。**切ると肉汁があふれるジューシーなハンバーグにするにはこの性質を利用する。結合には塩の分量はひき肉の重さの1〜3%が効果的だが、人がおいしいと感じる塩分濃度に従って、ひき肉の重さの1%を加える。

ハンバーグにパン粉を入れるメリットは、肉だねの水分を吸ってふくらむため、保水性が高まってジューシーに仕上がること、膨張してボリュームが出ること。パン粉は乾燥パン粉でもよいが、**生パン粉のほうが保水力が高いため、肉汁が損なわれず、よりやわらかく仕上がる。**加える量は肉の重さの10%を目安にする。

ハンバーグは加熱すると、大きさは縮むが、ふくらむ性質がある。**肉だねを厚く成形すると、火が通りにくく、生焼けの原因になる。**薄く大きく成形するのが正解。焼くときは、熱したフライパンに入れると、中に火が通る前に周りが焦げて失敗しやすい。中までしっかり加熱したいものは、冷たい状態のフライパンから入れて焼く。

材料:
2人分

合いびき肉	300g
塩	3g（小さじ⅗ ひき肉の重さの1%）
こしょう	少々（3〜4振り）

玉ねぎ	½個弱（90g ひき肉の重さの30%）
塩	少々（0.5g）
サラダ油	小さじ1

下ごしらえ

玉ねぎはみじん切りにし、耐熱容器に入れる。塩と水50mlを加え、ラップをして電子レンジ600Wで4分加熱する

A	生パン粉	30g（ひき肉の重さの10%）
	とき卵	30g（½個強 ひき肉の重さの10%）
	牛乳	45ml（大さじ3 ひき肉の重さの15%）

下ごしらえ

Aをすべて混ぜる

1 レストランメニュー　2 2大ソース　3 見栄え　4 料理データ

作り方：

1

小鍋に油を引き、
レンジ加熱した玉ねぎを入れ、
弱火で5分炒める。
とり出して冷ましAと混ぜる

 弱火 ⇒ 火を止める　🕐 5分 ⇒ 冷めるまでおく

玉ねぎはレンジ加熱してから炒めるので、時間が短
縮できる。

↓

弱火で
焦がさない
ように

水分が飛び、薄いあめ色になるまで炒める。

↓

玉ねぎは冷まし、Aと混ぜる。

2

ボウルにひき肉、塩、
こしょうを入れ、
ねばりが出るまでよくこねる。
1を加え、さらに混ぜる

ひき肉は、力を入れてこねる。

↓

ボウルの縁に
肉の脂が白く
べったりつくくらいまで
こねる

↓

肉だねに1を加えて、均一になるまで混ぜる。

3 肉だねを2等分して丸め、空気を抜き、厚さ2cmの小判形に成形する

手にサラダ油をつけると、ベタベタくっつかずにやりやすい

両手でキャッチボールをして、肉だねの中の空気を抜く。

↙

焼くと縮むので、手のひらいっぱいの大きな小判形にすると、焼き上がりがちょうどよくなる。

↓

表面が割れていると、そこから肉汁が流れ出てしまうので、表面をつるんとなめらかな状態になるようになでつける。

4 フライパンに並べ、ふたをして弱めの中火で4分、裏返し、ふたをして4分焼く。火を止めて2分蒸らす

弱めの中火 ⇒ 火を止める　　4分 ⇒ 裏返して4分 ⇒ 2分蒸らす

フライパンが冷たい状態で並べる。ふたをしてから火にかける。

↘

全体が白っぽくなり、底面の肉の縁が茶色くなったら裏返す。

↙

裏返すとき以外は、ふたをして蒸し焼きに。蒸気の力でしっとり中まで火を通す。

焼き上がり。表面がつやつやとし、出てくる肉汁が透明であればOK。

ロールキャベツ

破れる、くずれる、中の肉がぱさぱさになるなど、失敗した
という声が多い料理です。今回は簡単にするために、肉だね
の玉ねぎは省き、その分キャベツを多くしました。

動画もチェック！

目標:
おいしいでき上がり

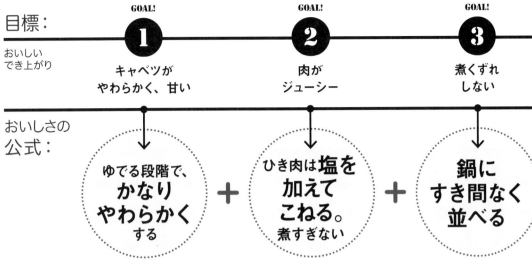

GOAL! 1
キャベツがやわらかく、甘い

GOAL! 2
肉がジューシー

GOAL! 3
煮くずれしない

おいしさの公式:

ゆでる段階で、**かなりやわらかく**する
＋
ひき肉は**塩を加えてこねる。**煮すぎない
＋
鍋にすき間なく並べる

野菜を加熱するとやわらかくなるのは、細胞間を接着しているペクチン質が分解してとけ出すから。そのためには90℃以上の加熱が必要。しかし、この温度で肉を長時間煮るとかたくなるため、キャベツはあらかじめゆでておくのが必須。キャベツの軸はかたいが、糖分は軸に多いため、長めにゆでてかなりやわらかくすると甘みも引き出される。

ひき肉は切断面が多く、繊維が短いので肉汁が流出しやすい。塩を加えてこねることで、たんぱく質のミオシンとアクチンが結合して網目構造をつくり、肉汁が保持しやすくなる。また、**肉は70℃以上の加熱で肉汁の流出が激しくなる**ため、加熱しすぎないよう注意。ロールキャベツはスープ料理なので、煮込み時間は短くてかまわない。

動かなければ煮くずれは起きないので、鍋にすき間なく並べることが重要。そのため、鍋は小さめを選ぶこと。**キャベツが破れているとそこからくずれる**ので、巻くときに穴があいた場合は、キャベツを二重にしてふさぐ。そのため、キャベツは少し多めにゆでるとよい。また、春キャベツは水分が多く葉がやわらかいので、不向き。

材料:
2〜3人分・18cmの鍋で作りやすい分量

キャベツの葉	大7枚	(小さい場合10枚)
合いびき肉		250g
塩	小さじ½	(2.5g 肉の重さの1%)
こしょう		少々 (2〜3振り)

まとめ作りをする場合
キャベツ1玉は大葉8枚、小葉15枚ほどあり、14個ほどできる。ひき肉は600gほど必要。

下ごしらえ　キャベツをはがす

ボウルにためた水にキャベツをつけ、キャベツの根元に包丁で切り込みを入れる

流水に当てながら、キャベツの葉を外側からはがす。すき間に水が入り、水圧ではがしやすくなる

A とき卵	½個分	(25〜30g 肉の重さの約10%)
パン粉	13g	(肉の重さの約5%)

水	450ml
コンソメスープ (顆粒)	大さじ1
	(水150mlに対して小さじ1)

下ごしらえ

Aを合わせ、混ぜる

作り方:

1 鍋に水とキャベツの軸を下にして入れ、沸騰したら中火で20分ゆでる。流水で冷やす

 強火 ⇒ 中火　　🕐 沸騰するまで ⇒ 20分

鍋の大きさは、キャベツの葉がすっぽり入る大きめのものがよく、なければ深型のフライパンでも可。水の量は鍋の半分以上を目安に入れる。

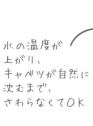

水の温度が上がり、キャベツが自然に沈むまで、さわらなくてOK

キャベツが沈んだら、落としぶた（なければ皿）をする。キャベツが浮いてくるのを防いで、火の通りを均一にする。

鍋ごと流水でしっかり冷ます。

2 ボウルにひき肉、塩、こしょうを入れてよくねり、Aを加えてさらにねる。6等分する

塩、こしょうを加えてよくねり、肉にねばりをじゅうぶんに出す。

ボウルの側面に肉の脂がべったりつくくらいになったら、Aを加え、均一になるまでねり混ぜる。

6等分する。ロールキャベツの大きさがそろい、美しい仕上がりになる。

3 キャベツの軸をそいで刻み、肉だねにはりつける。広げたキャベツの手前側におき、きつめに巻く

軸は厚い部分を包丁でそぎ、みじん切りにする。

↓

キャベツの軸の部分はめん棒などでたたき、繊維をやわらかく、平らにすると巻きやすい。

↓

肉だねのひとつをとって丸め、刻んだキャベツの軸をはりつけ、広げたキャベツの手前側におく。

↓

手前から一巻きし、左右をたたみ、奥まで巻く。破れた部分などはキャベツを二重にするとよい。ゆるく巻くとキャベツがはだけやすいので、きつめに巻く。

4 小さめの鍋に巻き終わりを下にして並べる。水を入れ、中火で煮立て、コンソメを加えて15分煮る

 中火 　煮立つまで ⇒ 15分

鍋は18〜20cmのものがよい。きっちり詰めるように並べ、すき間には、キャベツを丸めて詰める。

↓

水の分量は記載したが、ロールキャベツがひたらない場合は水を足す。その場合は、コンソメの量をふやす。

↓

落としぶた（なければ皿）をすると、ロールキャベツが浮いてこないので、煮くずれ防止になる。

ボンゴレスパゲッティ

パスタにソースがよくからみ、味がしみ込んでいる、
レストランの仕上がりをめざします。パスタのゆで方、
ソースのからませ方が従来とは違います。

動画もチェック!

仕上げ memo

好みでこしょうを少々、パセ
りのみじん切りを振る。

目標:
おいしい
でき上がり

GOAL! 1 常に味が安定する

GOAL! 2 アルデンテのゆで上がり

GOAL! 3 パスタにソースがよくからむ

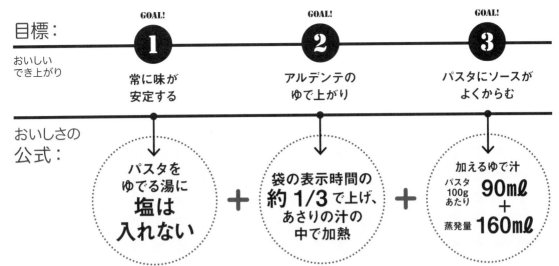

おいしさの公式:

パスタをゆでる湯に **塩は入れない**

+

袋の表示時間の **約 1/3** で上げ、あさりの汁の中で加熱

+

加えるゆで汁
パスタ100gあたり **90㎖** **+** 蒸発量 **160㎖**

パスタは通常、塩分濃度1.5％の湯でゆでることが多い。しかし、同じ塩分濃度でも、湯の量やゆで時間、また蒸発量によってパスタが吸収する塩分は変わってくる。**常に味を安定させるには、パスタをゆでる湯に塩は入れないのが正解。**ちなみに、ゆで上がったパスタの最適な塩分濃度は0.4％とされているため、あとからこの塩分を加える。

一般的には、袋の表示時間ゆでてソースと合わせるが、ソースの味がしみ込むまでにパスタがのびてしまうことが多い。そこで、**表示時間の1/3ほどゆでた段階でフライパンに移し、あさりの汁と合わせる。**パスタの糊化用にゆで汁も加え、残りのゆで時間を加熱すると、アルデンテのタイミングで味もしみ込む。

パスタ100gのゆで上がり重量は約220g。表示ゆで時間の1/3で、その50％（60㎖）の水を吸う。そのため、加えるゆで汁の量は、60㎖（残り50％の吸水量）＋30㎖（ソースとからめる水分）を基本に、残り時間の蒸発量160㎖（7分ゆでの場合）を足す。**パスタのでんぷんが適度にとけ出して汁にとろみがつき、からみやすくなる。**

材料:
2人分

スパゲッティ（7分ゆでのもの）	200g
水（ゆでる用）　1.6～2ℓ（スパゲッティの8～10倍）	

あさり（殻つき）	250g
にんにく	1かけ（8g）
赤とうがらし（種を除く）	1/3本
オリーブ油	大さじ4

白ワインまたは酒	大さじ6（90㎖）
塩	1～3g（小さじ1/6～3/5）
＊味をみて	

スパゲッティのゆで汁	約340㎖
塩	2g（小さじ3/5）

下ごしらえ　あさりの砂出し

アルミホイルをかぶせ、冷蔵室で一晩おく。あさりから水管が出て、水が汚れていれば砂出しはできている

あさりはバットに並べ、3％濃度の塩水（水100㎖に3gの塩の割合）を、あさりが半分ひたるくらいに注ぐ。あさりの下に網を敷くと、あさりから出た汚れが下にたまり、水が濁りにくくなる

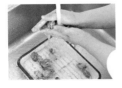

流水で殻をこすり合わせるようによく洗い、ざるに上げる

半分に切ってつぶす。中心の芽は焦げやすく、苦みの原因になるので除く

↓

にんにく

作り方：

1 フライパンに油、にんにく、とうがらしを入れ、弱火で1分30秒加熱する。とうがらしは途中でとり出す

♨ 弱火　🕐 1分30秒

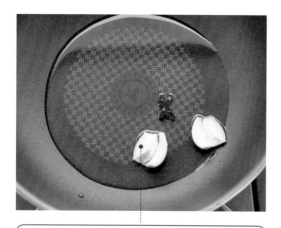

油に、にんにくと赤とうがらしの香りと辛みを移す。香りや辛み成分は油にとける性質があるため、油が冷たい状態から入れ、弱火でゆっくり温度を上げることが大切。

赤とうがらしは
焦げやすいので、
1分ほど加熱したら
とり出す

フライパンを傾けてにんにくが油にひたるようにすると、加熱むらが解消される。

2 あさりを加えて強火にし、殻が開き始めたら白ワインを加え、ふたをして2分蒸し、あさりをとり出す

♨ 強火　🕐 殻が開き始める（約30秒）⇒ ふたをして2分 ⇒ 火を止める

〝殻のいくつかが開いたら〟を目安に、ワインを加える。

ふたをして強火
のまま蒸す。

あさりのたんぱく質はコラーゲンが多く、65℃以上の加熱で1/3に収縮する。そのため、加熱は最小限がよく、強火・短時間で蒸したらあさりのみをとり出す。汁とにんにくを残し、パスタを煮たあと、あさりを最後に戻す。

3　鍋に1.6ℓの湯を沸かし、スパゲッティを入れ、中火で2分30秒ゆで、フライパンに移す

 強火 ⇒ 中火　　湯が沸くまで ⇒ 2分30秒

鍋は大きめがよい。スパゲッティが入ればよいので、鍋がなければ大きめのフライパンでも。湯に入れたら混ぜ、パスタ同士がくっつくのを防ぐ。

↓

袋の表示の1/3の時間ゆで、パスタを引き上げ、フライパンに移す。ここでは7分ゆでパスタを使用しているので、2分30秒で引き上げる。
⇒5分ゆで、8分ゆでなど、ゆで時間が異なるパスタの場合は、引き上げる時間、残りゆで時間、蒸発量が変わるため、p.111を参照して、加えるゆで汁の量を算出。また、パスタの量が変わる場合も同様に、p.111を参照。

4　フライパンにゆで汁と塩を加え、中火で4分30秒煮る。途中であさりを戻す。味をみて塩を加える

 中火　　煮立ってから4分30秒

ゆで汁を加える。

↓

塩を加え、袋の表示の残りの時間は、フライパンの中で煮る。

↓

ゆで上がり2分前を目安にあさりを戻す。塩は、あさりの塩分（殻つきあさり100gで約0.8g）によって変わるため、**必ず味見をして加えること。**

ナポリタン

別鍋で湯を沸かさなくてよい手軽さが人気のワンパンパスタ。ナポリタンを作ると、トマトケチャップがねっとりとからみ、クタッとやわらかい、昔ながらの喫茶店風になります。

動画もチェック!

仕上げ memo

好みで粉チーズやタバスコなどペッパーソースを振っても。

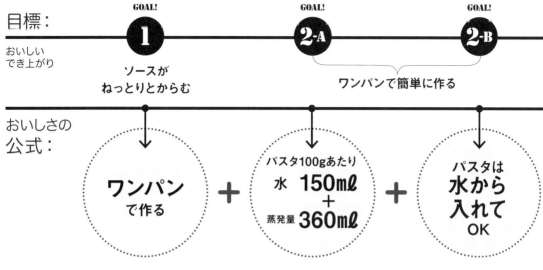

目標:
おいしい
でき上がり

GOAL! **1**
ソースが
ねっとりとからむ

GOAL! **2-A**

GOAL! **2-B**

ワンパンで簡単に作る

1 レストランメニュー
2 2大ソース
3 見栄え
4 料理データ

おいしさの公式:

ワンパンで作る

＋

パスタ100gあたり
水 **150㎖**
＋
蒸発量 **360㎖**

＋

パスタは
水から入れて
OK

ひとつのフライパンで、ゆでる＆ソースをあえる〝ワンパン〟。パスタはゆでると、**でんぷん質の一部がゆで汁にとけ出し、ソースとパスタをつなぐとろみ**となる。別の鍋でゆでる場合は、ソースに加えるゆで汁の量でとろみを調節するが、ワンパンの場合はとけ出したでんぷん質すべてがソースにとけ込むため、とろみが強くつく。

パスタはゆでると、重さが約2.2倍になる。100gのパスタで約120㎖の水を吸う。そこで、ワンパンの場合の水分量だが、パスタ100gあたり120㎖（吸水量）＋30㎖（ソースをあえる水分量）を基本に、9分ゆでの場合の蒸発量360㎖を足す。水分量がむずかしいので、パスタの量やゆで時間が変わったらp.111を参照。

理由は**パスタの吸水は比較的ゆっくり**だからで、水から入れても急激に水分を吸って固まることはない。ただし、**湯の温度が約80℃にならないとパスタは曲がらない**ため、湯温の上昇を待ってパスタを湯に沈める。表面はとけ出したでんぷん質でくっつくので、パスタ同士がくっつかないよう、よく混ぜるのは必須。

材料:
2人分

スパゲッティ（9分ゆでのもの）	200g

ベーコン	50g
玉ねぎ	½個（100g）
ピーマン	2個（正味60g）
塩	1g（小さじ⅙）
トマトケチャップ	120g
オリーブ油	大さじ1

塩	2g（小さじ⅜）
水	約660㎖

1cm幅に切る
↓

ベーコン

繊維に沿って、
薄切り
↓

玉ねぎ

縦細切り
↓

ピーマン

1

フライパンに油、ベーコン、
玉ねぎ、ピーマン、塩を入れ、
中火で3分炒め、とり出す。
分量の水を入れる

🔥 中火 ⇒ 火を止める　　⏱ 3分 ⇒ とり出す

油が回る程度に炒め、バットにとり出す。

↓

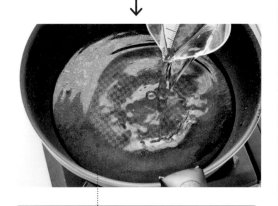

↓

＊ここでの分量の水は9分ゆでのパスタ200g
の場合。7分ゆでなどゆで時間の違うパスタを
使ったり、パスタの量が違う場合は、p.111を
参照して算出する。

2

スパゲッティを
流水で15秒洗う。
1のフライパンに入れ、
塩を加え、強火にかける

🔥 強火　　⏱ 沸騰するまで

水からゆでた場合に、少しでもスパゲッティ
が曲がりやすいよう、あらかじめ水でぬらし
ておく。ただし、そのまま長時間おくと、くっ
ついてしまうため、ぬらすのはフライパンに
入れる直前に。

↓

加える塩の量は、スパゲッティ100gにつき
1g。これは、塩分濃度1.5%の湯（パスタ
の8〜10倍量）でゆでた場合にパスタが吸
う塩の量より算出。

3

沸騰したら中火にし、ときどき混ぜながら、袋の表示時間ゆでる

🔥 中火　⏱ 袋の表示時間

湯が熱くなり、スパゲッティが曲がるようになったら沈め、パスタ同士がくっつかないように混ぜる。

ふきこぼれそうになったらかき混ぜる。

> ゆで汁にはパスタのでんぷん質がとけ出しており、これにソースがからむので、ゆで汁は残っていることが大切。

4

炒めた具材を戻し入れ、ケチャップを加え、中火にかけながら2分混ぜる

🔥 中火　⏱ 2分

> ワンパンで作るパスタは、パスタからとけ出したでんぷん質でとろみがあるので、ソースの味が濃いもの、ソースをねっとりからませたいパスタに向く。具体的には、クリーム系、ケチャップ系など。オイル系は、仕上がりがべたつくので、ボンゴレスパゲッティ（p.22）の方法がおすすめ。

ベーコンと野菜のクリームパスタ

ワンパンパスタのバリ
エーション。ソースが
ねっとりとパスタにか
らみ、濃厚な口当たり
が魅力ですが、ワンパン
で作ると自然にとろ
みがつくので、初めて
でも上手にできます。

動画もチェック！

材料：2人分

スパゲッティ（9分ゆでのもの）	200g
ベーコン	80g
しめじ	120g
キャベツ	80g
塩	4g （小さじ⅔）
サラダ油	小さじ1
水	520㎖
牛乳	140㎖
生クリーム	140㎖

2cm幅に切る
ベーコン

ざく切り
キャベツ

ほぐす
しめじ

ワンパン
クリームパスタのルール

ワンパンパスタのルール（p.27）と同じだが、水の一部を牛乳にかえる。牛乳は水といっしょに、初めから加えることで、牛乳の風味がパスタにしみ込み、濃厚な味わいになる。牛乳は、ソースの生クリームと同じ量だとバランスがいいので、パスタ100gあたり70㎖の水を牛乳におきかえる。

9分ゆでパスタなら

パスタ100gの場合

水分量　牛乳　　水
520㎖ ⇒ 70㎖ ＋ 450㎖

パスタ200gの場合

水分量　牛乳　　水
660㎖ ⇒ 140㎖ ＋ 520㎖

パスタ300gの場合

水分量　牛乳　　水
810㎖ ⇒ 210㎖ ＋ 600㎖

＊パスタの量が違う場合、ゆで時間の違うパスタの場合は、
p.110を参照して、水分量を算出する。

作り方:

1
フライパンに油を熱し、ベーコン、しめじ、キャベツ、塩 2g を入れ、強火で 3 分炒め、とり出す

♨ 強火 　⏲ 3分

炒めぐあいは、野菜がしんなりし、ベーコンの油が回るくらいでよい。

2
あいたフライパンに水、牛乳、塩を 2g 入れる。パスタは流水で 15 秒洗う

ゆでる水に牛乳も加えることで、牛乳の風味がスパゲッティにしみ込む。

↓

スパゲッティは直前に洗う。

3
スパゲッティを入れて強火にかけ、沸騰したら中火にし、ときどき混ぜながら袋の表示時間ゆでる

♨ 強火 ⇒ 中火 　⏲ 沸騰するまで ⇒ 袋の表示時間

スパゲッティを押すようにして湯に沈め、パスタ同士がくっつかないよう広げる。

↘

湯の温度が高くなって曲がるようになったら、混ぜてほぐす。

4
ゆで上がり 2 分前に 1 の具材を戻し、生クリームを加え、中火で混ぜる

♨ 中火 　⏲ 2〜3分

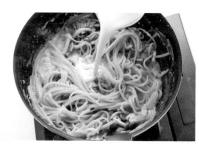

もし、水分が足りなくなったら水大さじ 2（分量外）ずつ加えて様子をみる。最後にソースが写真の程度（150㎖ほど）残っているとちょうどよい。

ミートソーススパゲッティ

イタリアンレストランに負けない味をめざしました。
材料が多めですが、スーパーで手に入るものばかりで
す。手順は炒めて煮るだけ、煮込む時間も短いです。

仕上げ memo

パルメザンチーズ大さじ
1〜2（1人分）を振る。

動画もチェック！

目標:
おいしい
でき上がり

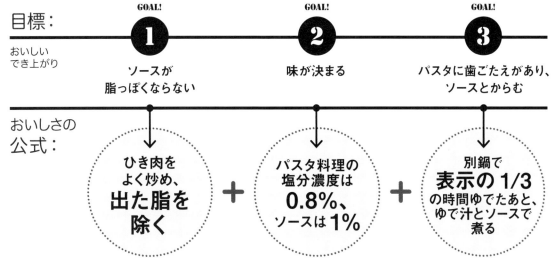

GOAL! **1**
ソースが
脂っぽくならない

GOAL! **2**
味が決まる

GOAL! **3**
パスタに歯ごたえがあり、
ソースとからむ

おいしさの公式:

ひき肉を
よく炒め、
**出た脂を
除く**

＋

パスタ料理の
塩分濃度は
0.8%、
ソースは **1%**

＋

別鍋で
表示の1/3
の時間ゆでたあと、
ゆで汁とソースで
煮る

ひき肉は焼き目がつくまでよく焼くと、メイラード反応による香ばしい風味やうま味が生まれる。しかし、炒めると脂がたくさん出ることも多い。ミートソースはパスタにからめて食べるものなので、食べるときの温度が若干低く、冷めやすい。このため、**融点が高い動物性脂肪は固まりやすい**ので、出た脂はとり除かないと脂っぽく感じる。

人がおいしいと感じる塩分濃度は血液と同じ約1%といわれているが、パスタは主食で多く食べるので、やや薄めの0.8%に仕上げるとよい。この本のパスタのゆで上がり塩分濃度は0.4%に調節しており、ミートソースの塩分濃度は1%とした。パルメザンチーズをかけると約0.8%になるので、かけない場合は塩1gを足して。

パスタのゆで方は、ボンゴレ（p.22）とほぼ同じ。塩を入れないたっぷりの湯で袋の表示の1/3の時間ゆでたら、フライパンに移してゆで汁を加え、ゆで上がり2分前にミートソースを加えて煮る。この方法で作るとレストラン級のでき上がりに。**ワンパンの方法でも作れるが、パスタから出たでんぷん質でねばりが強くなる。**

材料:
2人分

［ ミートソース ］	でき上がり量：約730g
合いびき肉	250g
セロリ	½本 (50g)
にんじん	½本 (100g)
玉ねぎ	⅔個 (150g)
ベーコン	3枚 (50g)
にんにく	1かけ (8g)
塩	5～6g (小さじ1強)
オリーブ油	大さじ2⅓ (35㎖)

赤ワイン	大さじ4
白ワインまたは酒	大さじ4
ラム酒またはブランデーや	
ウイスキー	大さじ1

トマト缶 (カットタイプ)	1缶 (400g)
トマトペースト	大さじ2
砂糖	大さじ1
こしょう	少々 (4～5振り)
ローリエ (あれば)	1枚

［ ミートソーススパゲッティ ］	
スパゲッティ (7分ゆでのもの)	200g
スパゲッティのゆで汁	340㎖
塩	2g (小さじ⅖)
ミートソース (左記参照)	300g

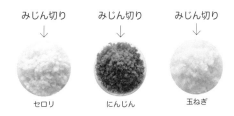

みじん切り　　みじん切り　　みじん切り
↓　　　　　　↓　　　　　　↓
セロリ　　　　にんじん　　　玉ねぎ

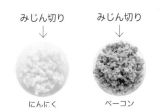

みじん切り　　みじん切り
↓　　　　　　↓
にんにく　　　ベーコン

ミートソースの作り方:

1
油大さじ2、にんにく、
野菜、塩小さじ1/2強を
中火で6分炒め、ベーコン
を加えて1分炒め、とり出す

🔥 中火　⏱ 6分⇒1分

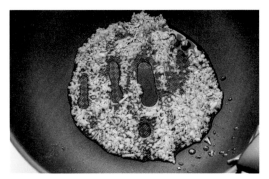

みじん切りのにんにくは焦げやすいので、油がなじむ程度でよい。

↓

炒めることで、玉ねぎの辛み成分が水分とともに蒸発し、甘みやうま味が凝縮される。パラッとした状態を目安に、少し時間をかけて炒める。

↓

野菜とベーコンを炒めた状態。

2
油小さじ1を足し、
ひき肉、塩小さじ1/2を入れ、
強火で2分ほど炒める。
出た脂はふきとる

🔥 強火　⏱ 表面を焼く30〜40秒⇒炒める約1分

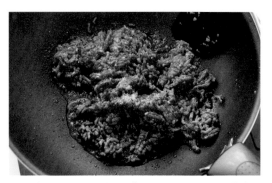

ひき肉はすぐにほぐさず、かたまりのまま強火で30〜40秒焼き、表面をわざと焦がす。

↓

ざっくりとほぐしながら、強火で約1分焼く。焦げてもOK。

↓

出た脂はキッチンペーパーで、しっかりとふきとる。ただし焦げはうま味なので、こそげ落とさない。

3　ラム酒、赤ワイン、白ワインを順に加え、そのつど中火で30秒ずつ炒める。1の野菜を戻す

🔥 中火　⏱ 材料を加えるたびに30秒ずつ炒める

酒類はコクや風味を出すのに欠かせない。1つずつ加え、そのつど炒める。

↓

↓

炒めた野菜類を加えたら、均一になる程度に混ぜればOK。

4　トマト、ローリエを加え、中火で2〜3分炒める。トマトペースト、砂糖を加え2分炒めて、こしょうを振る

🔥 中火　⏱ 2〜3分 ⇒ 2分

トマトの酸味をやわらげるために、ときどき混ぜながら水けが飛ぶまで炒める。

↓

トマトペーストを加えると、深い赤色がソースに加わり、色がよくなる。

砂糖を加えて炒めたら、ミートソースのでき上がり。

冷凍 memo

ソースは余ったら保存可能。1食分ずつ冷凍用保存袋に入れ、冷凍室で1カ月保存可能。

ミートソーススパゲッティの作り方：

5 中火でスパゲッティを表示の1/3の時間ゆで、フライパンに移し、塩とゆで汁を加え、残り時間ゆでる

 強火 ⇒ 中火　　 湯が沸くまで ⇒ 袋の表示の1/3の時間（7分ゆでの場合2分30秒）⇒ 残りのゆで時間（7分ゆでの場合4分30秒）

大きめの鍋にたっぷりと湯を沸かす。湯の量の目安はパスタの8〜10倍。2人分200gの場合は1.6〜2ℓ。塩は加えない。ゆで汁はとっておく。

↓

袋の表示の1/3の時間（2分30秒）ゆでたらフライパンに移し、ゆで汁340㎖、塩（パスタ100gにつき1g）を加える。

↓

ふつふつと常に沸騰するくらいの火かげんでゆでる（中火）。

6 ゆで上がり時間の2分前にミートソースを加え、ときどき混ぜながら残り時間煮る

 中火　　 2分

ミートソースをゆで汁といっしょに煮ると、肉のうま味が抜けてしまうので、ゆで上がりの2分前に加える。

↓

全体を混ぜながら、2分加熱する。
※スパゲッティの量が変わる場合や、ゆで時間が異なるスパゲッティを使う場合はp.111参照。

洋食で
よく使う
ソース

ホワイトソースと
トマトソース

クリームシチュー

小麦粉とバターでルウを作ってホワイトソースに……と聞くとむずかしそうですが、温度がポイントなので、調理科学で考えると簡単。市販のルウには戻れないおいしさ。

動画もチェック！

仕上げ memo

器に盛り、ゆでたブロッコリーをのせる。

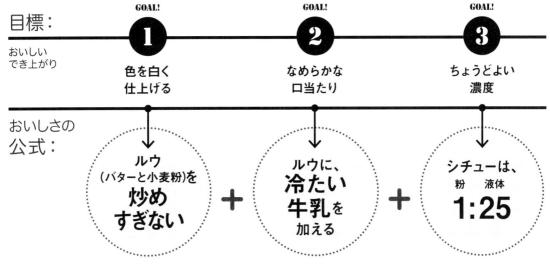

目標:
おいしい
でき上がり

GOAL! 1 色を白く仕上げる

GOAL! 2 なめらかな口当たり

GOAL! 3 ちょうどよい濃度

おいしさの公式:

ルウ（バターと小麦粉）を**炒めすぎない**

＋

ルウに、**冷たい牛乳を**加える

＋

シチューは、粉　液体 **1:25**

ホワイトソースの作り方のひとつが、バターと小麦粉を炒めてルウを用意すること。**ルウの加熱は、温度によって状態が変わり、約120℃（煮立ったように全体が泡立つ）で芳香が立ち始め、粘度も最強**になる。これを過ぎると焦げやすく、薄黄色に色づく。またでんぷん粒子の一部が崩壊して、粘度が一気に低下する。

ルウと牛乳を混ぜる際は**温度が大切で、小麦粉の糊化が始まる58℃未満にする**ことが、だまを作らないポイント。火は必ず止め、鍋の余熱を考慮し、牛乳は冷蔵庫から出した冷たいものを加えること。牛乳は、まずは半量を加えて一気に温度を下げる。そして**泡立て器でよく混ぜ、小麦粉を液体中に分散させる**とだまになりにくい。

ホワイトソースは料理によって適した濃度があり、クリームシチューの場合は、**粉は液体（材料の煮汁＋牛乳）の約4％がよく、**小麦粉1：液体25となる。ただし、煮汁は最終の量で考えるので、蒸発分などを考慮して、材料として用意する水は、粉の25倍量よりも100㎖ほど多め（水＋牛乳で600㎖）にすると、結果ちょうどよくなる。

材料:
2人分

鶏もも肉	200g
玉ねぎ	½個（100g）
にんじん	¼本（50g）
じゃがいも（メークイン）	½個（80g）
塩	2g（小さじ⅓）
サラダ油	小さじ2

A	水	300㎖
	コンソメスープ（顆粒）	小さじ2
	ローリエ	1枚

バター	20g
小麦粉（薄力粉）	20g
牛乳	300㎖（309g）
塩	1g（小さじ⅙）

一口大に切る
↓

鶏肉

乱切り
↓

じゃがいも

乱切り
↓
にんじん

薄切り
↓

玉ねぎ

作り方：

1

油の半量を引き、鶏肉と塩1g
を中火で1分炒め、とり出す。
残りの油を足し、野菜を3分
炒め、A、肉を戻し15分煮る

🔥 中火　⏱ 1分 ⇒ 3分 ⇒ 煮立ってから15分

鶏肉は皮目を下にして入れ、中火にかける。40秒
焼き、裏返して20秒くらい焼いたらとり出す。

↓

玉ねぎがしんなりし
て、じゃがいもの周り
が2mmくらい透き通る
のを目安に炒める。

水、コンソメ、ローリ
エを加える。

↓

沸騰して、アクが出たら除く。ふたをして煮る。

2

別の鍋にバターを入れて
弱めの中火でとかし、
小麦粉を加えて1分炒め、
泡立ったら、火を止める

🔥 弱めの中火 ⇒
火を止める　⏱ バターがとけるまで ⇒
1分 ⇒ 火を止める

バターがとけたら小麦粉を加え、粉とバターがなじ
むまでかき混ぜつづける。

↓

なじんでなめらかになったあと、煮立ったように全
体が泡立つ状態（約120℃）になったら、火を止
める。ホワイトルウのでき上がり。

3 冷たい牛乳の半量を加え、泡立て器でよく混ぜる。残りの牛乳、塩を加え強火で1分混ぜる

🔥 火を止める ⇒ 強火　⏱ 1分

小麦粉が糊化する温度である58℃未満にするのが目的なので、必ず冷たい牛乳を加える。ここで温度が下がらないとだまの原因になる。

↓

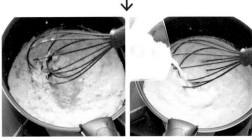

ルウの粒々がなくなるまで泡立て器などでよく混ぜる。残りの牛乳を加えたら火をつける。

↓

終始混ぜる。とろみがついてきたらゴムべらのほうが混ぜやすい

小麦粉が完全に糊化するのは95℃付近なので、必ず沸騰させる。ホワイトソースのでき上がり。

4 ホワイトソースを1の鍋に加え、ときどき混ぜながら、中火で3〜5分煮る

🔥 中火　⏱ 3〜5分

↓

ホワイトソースは30分以上煮込むと、徐々に褐色に変化してくるので、最後のほうに加え、ホワイトソースを加えたあとは、ごく短時間煮るだけでよい。

チキンとえびのドリア

ホワイトソースは、具材に小麦粉をまぶして牛乳でのばす方法で作れば、簡単で失敗が少ないです。ごはんをゆでたマカロニにかえればグラタンになります。

動画もチェック！

仕上げ memo

好みで、みじん切りのパセリを振る。

目標:
おいしい
でき上がり

GOAL! 1
ごはんが
ぱらっとしている

GOAL! 2
ホワイトソースは、
だまがなく、なめらか

GOAL! 3
ちょうどよいかたさ

おいしさの公式:

⬇
ごはんは
あたたかい
ものを使う

＋

⬇
粉は具材
といっしょ
に炒める

＋

⬇
ドリアに向く
ホワイトソースは、
小麦粉　牛乳
1：20

冷たいごはんはほぐれにくく、必要以上に混ぜたり、熱くなるまでに時間がかかったりすると、表面のでんぷん質がとけてねばりが出てしまう。**あたたかいごはんはほぐれやすく、ねばりが出る前に短時間で米粒の表面を油でコーティングできるため、ぱらっと仕上がる。**冷たいごはんの場合は、電子レンジ600Wで2〜3分加熱して使う。

ホワイトソースのとろみは、小麦粉のでんぷん質が水分を吸って糊状になったもの。**小麦粉が1カ所に固まるとだまになるが、均等に散らばれば、だまになりにくい。**これを踏まえ、粉は、油で炒めた食材全体に振って炒め、食材の表面に付着させることで、フライパン全体に拡散させることができる。

ホワイトソースのとろみは、小麦粉の濃度で決まる。料理によって合う割合が違い（p.108）、**ドリアの小麦粉の濃度は、液体（牛乳）に対して5％が適当。**今回は牛乳が300mℓなので、小麦粉は15gとなる。小麦粉1に対して、液体（牛乳）20と覚えるとよい。スプーンですくうと、とろとろと流れ落ちるやわらかさに仕上げる。

材料:
2人分

ごはん（あたたかいもの）	250g
バター	20g
塩	少々（0.8g）
＊バターが食塩不使用の場合は1.2g（小さじ⅓強）	
こしょう	少々（2〜3振り）

1.5cm角に
切って、塩少々
（0.5g・分量外）
を振る
⬇

鶏肉

薄切り
⬇

マッシュルーム

薄切り
⬇

玉ねぎ

[具材]

鶏もも肉	100g
えび	6尾（80g）
マッシュルーム	4個（40g）
玉ねぎ	¼個（50g）
バター	20g
小麦粉（薄力粉）	15g
牛乳	300mℓ（309g）
塩	2.5g（小さじ½）
＊バターが食塩不使用の場合は3g（小さじ⅗）	
ピザ用チーズ	100g

下ごしらえ
背側にキッチンばさみで切り込みを入れ、背わたを除き、殻をむく

塩少々（0.5g・分量外）を振ってもみ、水で洗う

作り方:

1

フライパンにバターをとかし、
ごはんを中火で2分炒める。
パラリとしたら塩、こしょうを
振り、耐熱皿に入れる

🔥 中火　⏱ バターをとかす ⇒ 2分炒める

ごはんをほぐしながら炒める。

↓

ごはんとバターが
ないみ、
かたまりが
なくなればよい

↓

1人分ずつ耐熱皿に入れ、平らにならす。

2

フライパンにバターをとかし、
具材を順に加えて炒める。
火を止め、小麦粉を加え、
30秒ほどよく混ぜる

🔥 中火 ⇒ 火を止める　⏱ バターをとかす ⇒ 具材を順に加え、15秒ずつ炒める ⇒ 火を止め、30秒混ぜる

炒める順番はたんぱく質(鶏肉、えび)⇒ 野菜(玉ねぎ、マッシュルーム)の順で、そのつど15秒ほどずつ炒める。

↓

小麦粉を焦がさないよう、火を止め、ふるいながら全面に振り入れる。

↓

混ぜることで具材に粉をまぶす。結果、粉がフライパン全体に広がる。

3 牛乳の 1/3 量を加え、30 秒混ぜる。残りの牛乳と塩を加え、中火にかけ、2 分 30 秒混ぜながら加熱する

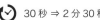 火を止めたまま ⇒ 中火　⏱ 30 秒 ⇒ 2 分 30 秒

牛乳の 1/3 量を加えてフライパンの中の温度を 58℃未満にする。よく混ぜて小麦粉を牛乳にとかす。

↓

残りの牛乳と塩を加えたら、火をつけて OK。

↓

絶えず混ぜながら加熱。1 分ほどでとろみがついて煮立ってくるが、そのあとも 1 分 30 秒ほど混ぜながら加熱。

4 **1** の上にソースをかけ、チーズをのせ、オーブントースターで 5 分焼く

 オーブントースター強　⏱ 5 分

熱いととろみをゆるく感じるが、ごはんとからむとちょうどよくなる。

↓

チーズをのせて焼く。

クリームコロッケ

ホワイトルウを牛乳でのばすホワイトソースを使った
料理です。複雑な手順を省き、ラクに成形できるよう
にしました。揚げているときに破裂しない工夫も。

動画もチェック！

仕上げ memo

つけ合わせは、ベビーリーフ、
ミニトマト、ちぎったサニー
レタスなど。好みで中濃また
はウスターソース少々をかけ
てもいい。

目標:
おいしい
でき上がり

GOAL! 1 生地（ホワイトソース）がなめらか

GOAL! 2 美しい俵形

GOAL! 3 揚げたときに破裂しない

おいしさの公式:

小麦粉 牛乳
1：7
沸くまで
かき混ぜる

＋

ラップで
成形する

＋

高温
短時間で
揚げる

生地（ホワイトソース）は、**液体に対して小麦粉12〜15％の濃度が扱いやすいので、配合は粉1：液体（牛乳）7と覚える**。濃度が低いとよりやわらかいが破裂しやすい。生地にじゅうぶんな粘度となめらかさを出すため、煮立ち始め（85℃）たら絶えず混ぜ、全面がプツプツ沸く（95℃以上）まで加熱する。

一般的には手で丸めて成形するが、べたべたして形をつくりにくい。そこで、**小麦粉を使った生地はラップにくっつきにくい性質**を利用。コロッケの生地をラップでキャンディー状にきつく巻き、冷蔵室で冷やしてから切れば、手を汚さずにきれいな俵形ができる。きつく巻くことで余分な空気が抜けて、破裂も防げる。

クリームコロッケは、揚げるときに破裂しやすい。理由は、**ホワイトソースは加熱によってふくらむ性質があるため**。コロッケの生地は成形したら冷やし、揚げるのは高温短時間で。衣が茶色く色づけば、中まであたたまっているということ。また、衣にむらがあると破裂するので、表面にむらなくついていることも大切。

材料:
6個分

バター	30g
小麦粉（薄力粉）	30g
玉ねぎ	30g
牛乳	210㎖（216g）
コーン（缶詰または冷凍）	30g
ロースハム	2枚
A 卵	1個
水	大さじ2
小麦粉（薄力粉）	大さじ4
パン粉	2カップ
揚げ油	適量

みじん切り
↓

玉ねぎ

5mm角ほどに
切る
↓
ハム

下ごしらえ
バッター液（衣をつける生地）を作る

ポリ袋にAを入れる

袋ごとよくもんで、混ぜ合わせる

作り方：

鍋にバターをとかし玉ねぎを中火で30秒炒める。火を止め、小麦粉を加える。中火にかけ30秒混ぜる

中火 ⇒ 火を止める ⇒ 中火 ・ バターがとけるまで ⇒ 30秒 ⇒ 火を止める ⇒ 30秒

玉ねぎ全体にバターが行き渡ればいい

焦がさないよう、火を止めてから小麦粉をふるい入れて混ぜる。

粉と油がまとまり、ルウ状になればOK。これがホワイトルウ。

火を止め、牛乳を2回に分けて混ぜる。中火にかけ、1分30秒かき混ぜる。コーン、ハムを加え、30秒混ぜる

火を止める ⇒ 中火 ・ 牛乳を加え混ぜるまで ⇒ 1分30秒 ⇒ 30秒

まずは牛乳の1/2量を加え、生地の温度を58℃未満にする。ホワイトルウを泡立て器でつぶしてとかす。

残りの牛乳を加えたら、中火にかける。

とろみがつき始めたら、泡立て器で絶えずかき混ぜる。

プツプツと沸くまで混ぜる

具材を加えたら、30秒ねり混ぜて水分を飛ばす。コロッケの生地（ホワイトソース）のでき上がり。

3

広げたラップに生地の 1/2 量を
おき、横 27㎝にのばす。
棒状にしたら、両端を持って
転がして巻く。計 2 本作る。

ラップは 40㎝長さに切り、破れないよう、ラップ
は 2 重にする。生地を横に 27㎝長さにのばす。

↓

27cm

ラップを使って転がし、棒状にする。

↓

ぎゅーっと巻く

15cm

左右の端を持
ち、転がしてき
つく巻いてキャ
ンディー状にす
る。

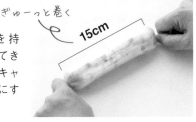

↓

左右の端をし
ばってとめ、空
気が入ったとこ
ろは竹ぐしで刺
して空気を抜く。

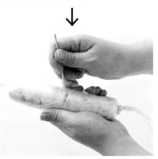

4

冷蔵室で 1 時間以上冷やす。
ラップをはずし、3 等分に切り、
バッター液、パン粉をつけ、
170℃の油で 2 分揚げる

 中火 　 予熱 ⇒ 2 分揚げる

↙

"バッター液"
だと衣がしっか
りつく。

↓

パン粉は目がこ
まかいもののほ
うが、油っぽく
ならない。

↓

表面が茶色に
なればOK

生地は火が通っ
ているのであた
たまればいい。

case study #012

きのこのクリームスープ

手軽に短時間でできるクリームスープです。フランス料理
でよく使われるとろみづけ "ブールマニエ" を使います。
コーン、ほうれんそう、じゃがいも、白菜でも合います。

材料：2人分

マッシュルーム	1 パック (100g)
ベーコン	2 ～ 3 枚 (25g)

下ごしらえ

マッシュルーム　薄切り　　ベーコン　1cm幅に切る

バター	5g
牛乳	290㎖ (300g)
コンソメスープ (顆粒)	小さじ1
水	50㎖
［ ブールマニエ ］	
バター	12g
小麦粉 (薄力粉)	12g

作り方：

1
ブールマニエを作る。
とかしたバターに、
小麦粉を加えて混ぜる

 電子レンジでバターを
とかす場合　　　600W で 20 秒

粉っぽさがなく
なるまで混ぜる。

小さな
泡立て器を
使うと
きれいに混ざる

ブールマニエの
でき上がり。

目標： おいしいでき上がり

GOAL! ① きのこの香りとうま味を出す

GOAL! ② なめらかな仕上がり

GOAL! ③ ちょうどよいとろみ

おいしさの公式：

（①）バターで高温で炒める

＋

（②）ブールマニエにして加える

＋

（③）スープのとろみは 小麦粉　牛乳 **1：25**

きのこは水分が多いので、弱火で炒めると水けばかりが出て、焼き色（メイラード反応）がつきにくく、香りも出にくい。**きのこをおいしく炒めるコツは強火で短時間**。バターを使うと、バターに含まれるたんぱく質でメイラード反応が起きやすく、短時間できれいな焼き色がつき、香りよく炒め上がる。

ブールマニエとは、小麦粉：バターを 1:1 の割合で混ぜたもの。スープやソースにとろみをつける方法のひとつである。**小麦粉の粒子がバターでおおわれることで、液体に加えたときに小麦粉がかたまりになりにくく、分散しやすい**。また、小麦粉の糊化が始まる 58℃未満で加えれば、だまになることはない。

クリームスープの場合、小麦粉の濃度は、牛乳（液体）の 4％がちょうどよいので、小麦粉：牛乳 =1:25 と覚えるとよい。**小麦粉の糊化（とろみ）は、58℃から始まり、95℃以上で完全に安定するため、全体がぶくぶくとするまで沸騰させること**。牛乳はふきこぼれやすいので、煮立ったら火を弱めて。

動画もチェック！

---

2 鍋にバターをとかし、ベーコン、マッシュルームを強火で 2 分炒める。水、コンソメ、牛乳の 2/3 量を加える

🔥 中火 ⇒ 強火　　⏱ バターがとけるまで ⇒ 2 分

混ぜすぎると火の通りが遅くなるで、ときどき混ぜる程度でよい。

牛乳の 1/3 量はブールマニエをとくために残しておくこと。

3 ブールマニエに残りの牛乳を加えて混ぜ、火を止めて 2 に混ぜる。中火にかけ、混ぜながら 3 分煮る

🔥 火を止める ⇒ 中火　　⏱ 3分

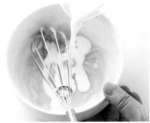

泡立て器で混ぜてなめらかな状態にする。

小麦粉を完全に糊化させるには、95℃以上が鉄則。必ず沸騰させる

トマトソース

トマト缶によって味が変わるので、どれで作っても同じような味になるよう、ベーコンや生のトマトも加え調整。市販のトマトソースの味に近づけました。

材料： でき上がり量：約330g

トマト缶 (カットタイプ)	1 缶 (400g)
トマト (完熟したもの)	120g (約½個)
玉ねぎ	50g
ベーコン	25g (約2枚)
塩	2g (小さじ⅓)
*トマト缶が食塩添加の場合は1g (小さじ⅙)	
にんにく	1 かけ
バジルの茎 (あれば)	½本
オリーブ油	大さじ 1

下ごしらえ

トマト　1cm角に切る

にんにく
← みじん切り

玉ねぎ
← みじん切り

作り方：

1 フライパンに油、にんにくを入れて弱火にかけ、30 〜 40 秒炒める

弱火　　30 〜 40 秒

にんにくのみじん切りは焦げやすいので注意。ちりちりとした状態で、薄い褐色になればOK。

目標:
おいしい
でき上がり

GOAL! 1 甘みがあり、すっぱくない

GOAL! 2 コクがある

GOAL! 3 アレンジしやすい塩分濃度

おいしさの
公式:

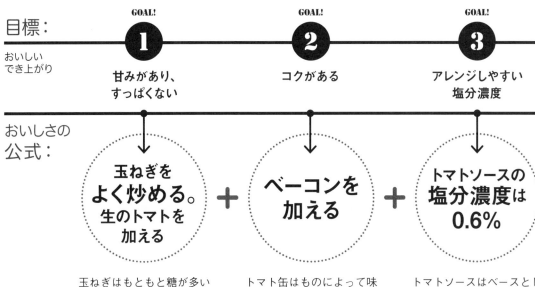

玉ねぎをよく炒める。生のトマトを加える ＋ **ベーコンを加える** ＋ **トマトソースの塩分濃度は0.6%**

玉ねぎはもともと糖が多い野菜だが、**辛みと香り成分・硫化アリルがマスキングして甘みを感じにくい**。加熱して成分を分解し、揮発させることで、甘みが引き出される。また、トマト缶はうま味があるが酸味が強い。砂糖を加える場合も多いが、生のトマトを加えると、味がまろやかになり、日本人好みに仕上がる。

トマト缶はものによって味にばらつきがあるため、ベーコンを加えてうま味を補強。トマトはうま味成分・**グルタミン酸**が豊富だが、肉などの動物性食品に含まれるうま味成分・イノシン酸との相性がよく、**組み合わせることでうま味が飛躍的に強くなる**性質がある（うま味の相乗効果）。ソースにコクと深みが出る。

トマトソースはベースとして使うので、アレンジがきくよう、塩分濃度は控えめがよい。市販のトマトソースを調べた結果、塩分濃度0.6%のものが多いため、それにそろえた。**塩の分量は、こしたソースではかり**、ベーコンの塩分も考慮して算出している。大量に作る場合はこのレシピを×2、×3で作るとよい。

動画もチェック!

2 玉ねぎ、塩を加え、弱めの中火で5分炒める

🔥 弱めの中火　⏱ 5分

玉ねぎが薄い褐色になるくらいを目安に、少し時間をかけて炒める。

3 トマトを加え、中火で3〜4分、トマトが少し煮くずれるまで炒める

🔥 中火　⏱ 3〜4分

生のトマトは水分が多いので、よく炒めて水分を飛ばすと、うま味が凝縮、仕上がりも水っぽくならない。

作り方：

4 トマト缶を入れ、ベーコンを加える。バジルを加え、弱火で10分煮詰める

 弱火　🕐 10分

> ベーコンはうま味とだしの役割。こすので切らずに加えてよい

↓

加熱で水分が蒸発し、うま味が凝縮されるので、約2/3になるまでを目安に煮詰める。煮込む途中でソースがはねるときは、ふたをずらしてのせてもよい。その場合は、蒸発に時間がかかるため、時間が多少かかる。

5 万能ざるでこして、なめらかにする

目のあらい万能ざるがよく、こし器では目がこまかすぎる。ゴムべらなどで力を入れてしっかりこす。

↓

こした状態。こすと3/5量ほどになる。

【トマトソースの使用例】

p.56のポークソテーのソース、p.84のパエリアの味つけなどに使用。このままパスタソースとして、スパゲッティにあえてもよい。

③

簡単なのに
見栄えと
ボリュームは
抜群

ポークソテー

焼き方で仕上がりに大きな差が出ます。赤身部分は
しっとりやわらかく、脂身はカリッとおいしく仕上げ
るには、それぞれに合った焼き方を覚えてください。

動画もチェック！

目標:
おいしい
でき上がり

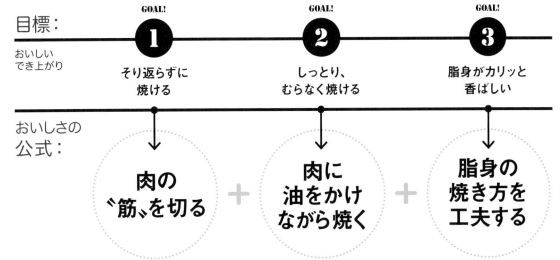

GOAL! 1	GOAL! 2	GOAL! 3
そり返らずに焼ける	しっとり、むらなく焼ける	脂身がカリッと香ばしい

おいしさの
公式:

肉の〝筋〟を切る ＋ **肉に油をかけながら焼く** ＋ **脂身の焼き方を工夫する**

肉を加熱するとそり返る理由は、赤身よりも筋の収縮が大きいため。筋は結合組織で、赤身とは構成するたんぱく質が違い、コラーゲンなどが主成分。**コラーゲンは65℃以上で長さが1/3に収縮する**ため、肉をそり返らせずに焼くには筋を切ることが必要。筋は赤身と脂肪の境目にあるため、脂肪に沿って何カ所か切り込みを入れる。

肉や魚に油をかけながら焼くのは、フランス料理の調理法で、「アロゼ」という。アロゼのメリットは①フライパンに流れ出た肉汁を油とともにかけることで、肉のうま味を肉に戻す。②油をかけると表面がコーティングされ、乾燥を防ぐ。③油は熱を伝えやすいので、火の通りが悪い場所にピンポイントで熱を入れられる。

脂身は、脂肪が結合組織（脂肪膜）で包まれているため、**主成分のコラーゲンがとける80℃以上で加熱しないと、中の脂肪はとけ出さない**。反対に**赤身は65℃で火が通る**ため、脂身が焼けるのを待っていると赤身は火が通りすぎてかたくなる。このため、端の脂身は立てて焼く、中心部の脂身は集中的にアロゼするなど焼き方を工夫する。

材料:
2人分

豚ロース肉 （ステーキ・とんかつ用）	
	2枚 （1枚180gくらいのもの）
塩　　2.5g （約小さじ½弱　豚肉の重さの0.7％）	
こしょう	少々 （片面1振り）

にんにく	1かけ
タイム （好みで）	2本
オリーブ油	大さじ2

[つけ合わせ]

グリーンアスパラガス	2本
パプリカ （赤）	¼個
塩	少々

トマトソース （p.52 参照、または市販品）	
	大さじ6 （90㎖）
イタリアンパセリ （みじん切り）	2枚分

下ごしらえ

筋切りをする。盛りつけたときに裏になる面を上にしておき、脂肪の流れに沿って3cm間隔で切り込みを入れる。キッチンばさみを使い、ピンポイントで切る

塩・こしょうを、両面に均一に振る。塩分濃度が0.7％なのは、ソースをかけて食べるから。ソースをかけない場合は、塩分濃度は1％（塩3.6〜4g　小さじ⅔）にする

根元をピーラーでむき4等分に切る
↓

アスパラガス

乱切り
↓

パプリカ

半分に切ってつぶし、中心の芽を除く
↓

にんにく

作り方：

1

フライパンに油、にんにく、
タイム、野菜を入れ、
中火で 3 分 30 秒炒め、
とり出す。塩を振る

♨ 中火 　🕐 3 分 30 秒

フライパンを少し傾け、たまった油の中で揚げるよ
うにして炒めると効率がよく、にんにくの香りも油
に移る。

↓

タイムを
入れる場合は、
焦げやすいので、
途中でとり出す

2

フライパンを熱し、豚肉を
強めの中火で 1 分焼く。
肉に油をかけながら
さらに 30 ～ 40 秒焼く

♨ 強めの中火 　🕐 1 分 ⇒ 30 ～ 40 秒

盛りつけたときに表になる面から焼く。加熱むらを
なくすため、ときどきフライパンを揺すったり、肉
の位置を変えたりする。

↓

フライパンの油を肉にかける（アロゼ）。特に、脂
身部分とそのまわりは火が通りにくいので、集中的
に油をかける。

3 裏返して、さらに30秒焼く。肉を立てて、脂身部分を1分30秒焼く。バットにとり出す

♨ 強めの中火　⏱ 30秒 ⇒ 1分30秒

裏返すタイミングは時間と、肉の側面下半分が白っぽくなったら（火が通った証拠）を目安にして。

↓

フライパンを少し傾けて油を寄せ、その中で端の脂身部分を揚げるように焼く。脂身がカリッとクリスピーな食感になる。

↓

肉をとり出した網つきのバットは、アルミホイルで保温。焼いた時間と同じだけおき、肉汁を落ち着かせる。

4 フライパンの油をふき、トマトソースを入れて中火で1分煮る。イタリアンパセリを加える

♨ 中火　⏱ 1分

キッチンペーパーでフライパンに残った油をきれいにふく。ソースに油は不要。

↓

トマトソースは2/3量まで煮詰める。

ビーフステーキ

材料と調理がシンプルなだけに技術や経験に影響される部分も多いですが、できるだけ数値化。よく売られている〝1.5〜2cm厚さの牛ステーキ肉〟を、食べやすいミディアムに焼きます。

ステーキは食べやすく切って盛り、焼いたじゃがいも、あればクレソンを添える。

仕上げ memo

動画もチェック！

目標：
おいしい
でき上がり

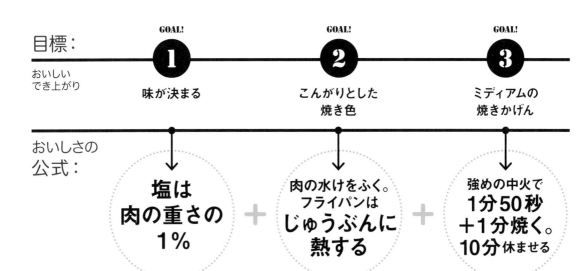

GOAL! 1 味が決まる

GOAL! 2 こんがりとした焼き色

GOAL! 3 ミディアムの焼きかげん

おいしさの公式：

塩は肉の重さの1%　＋　肉の水けをふく。フライパンはじゅうぶんに熱する　＋　強めの中火で1分50秒＋1分焼く。10分休ませる

人がおいしいと感じる塩分濃度は、血液とほぼ同じ1％。ステーキはシンプルな料理で、塩味がすべてなので、塩もできるだけ正確に計量するほうが味がぶれない。塩を振るタイミングは、**肉の厚みが2cm程度の場合は、焼いている間に肉汁の対流によって吸収されていくので、直前でよい。**こしょうも焼く直前に振る。

肉の表面に水分があると、フライパンの温度が下がって焼き色がつきにくいので、水けはよくふく。厚みが2cmまででミディアムに焼く場合は、高温で短時間がよく、フライパンはかなり熱くする。温度は引いた油で判断。**油は高温になると粘性が薄れ、さらさらした状態（約200℃）になるので、**それを目安に肉を入れる。

ステーキの焼き時間は厚みで決まる。ここではスーパーで多く出回る1.5〜2cm厚さの牛ステーキ肉を、ミディアムに焼く方法を紹介。**ミディアムは周りは茶褐色だが、中心はピンク色の状態で、温度は60〜65℃。**焼いたあとは、余熱でじっくりと中心まであたためつつ、肉汁を落ち着かせる。これをフランス料理の技法で〝ルポゼ〟という。

材料：
2人分

和牛ステーキ肉 (サーロイン 厚さ1.5〜2cmのもの)	2枚 (約320g)

塩	3.2g (約小さじ½ 肉の重さの1％)
こしょう	少々 (肉1枚の片面4振りずつ)
サラダ油	大さじ2

[つけ合わせ]

じゃがいも	1個

下ごしらえ

じゃがいもは洗い、皮つきのまま2cm厚さに切る

ラップでふんわりと包み、電子レンジ600Wで100gにつき2分20秒加熱

肉の下ごしらえ

肉は常温にもどさなくてOK

肉を冷蔵室から出し、23℃の室温においたところ、中心温度は10分で1℃しか上がらなかった。常温にもどるまで2時間以上かかるため、肉を常温にもどす必要はない。キッチンペーパーで水けをふき、塩、こしょうを両面に振る。肉をはかりにのせた状態で振ると正確。塩はさらさらのものが向く

作り方：

1

フライパンを強火で1分予熱。
油を入れて熱し、肉を入れ、
強めの中火で1分50秒焼く。
厚みがあるところに油をかける

🔥 強火 ⇒
強めの中火　　⏱ フライパン予熱1分・油の
加熱20〜30秒 ⇒ 1分50秒

フライパンを軽く動かして、油がさらさらした状態になればOK。

焼くときは、肉自体は動かさず、ときどきフライパンを揺すって、肉の位置を変えて焼きむらを防ぐ。

肉の中央部分は火が通りにくいので、フライパンの油を5〜6回かける。これをフランス料理の技法でアロゼという（p.105）。

輸入牛の場合は油の半分をバターに

輸入牛は和牛よりも水分が多いため、焼き色がつきにくい。そのため、**油の半量をバター**にする。バターには微量だがたんぱく質が含まれるため、**メイラード反応で褐色の焼き色**がつきやすい。

2

すばやく裏返し、
さらに50秒〜1分焼く。
この間に
油を3回ほどかける

🔥 強めの中火　　⏱ 50秒〜1分

表面がうっすらと汗をかいてきたら、肉内部の温度が上がってきた証拠。すぐに裏返す。

肉の中央部に3回ほど油をかける（アロゼ）。

3 肉をバットにとり出し、アルミホイルをかぶせる。あいたフライパンでじゃがいもを1分焼く

火を止める（肉はとり出す）⇒ 中火（じゃがいもを焼く）　　1分

肉を網つきのバットにとり出し、アルミホイルをかぶせて保温する。

あいたフライパンで、じゃがいもを焼き、ステーキの横におく。

4 ステーキをのせたバットをあたたかいフライパンの上におき、10分休ませる

ルポゼで
ステーキは
おいしくなる

あいたフライパンは、しばらくはあたたかいので、バットをおくと60℃ほどでルポゼにちょうどよい。丸めたアルミホイルをおいて台がわりにすると、バットが安定する。

ルポゼとはフランス語で休憩する、休ませるの意味で、加熱した食材を保温しながら休ませ、状態を落ち着かせる技法。切ったときの肉汁などの流出を防ぐ。**おく場所は60℃ほどのあたたかい場所**がよく、今回は余熱でしっかりと内部をあたためるため、10分休ませた。

骨つき鶏もものローストチキン

クリスマスなどイベントに大活躍。マリネ液につけて
焼くだけと簡単で、失敗しにくいのもポイント。肉は
骨つきでなく、ふつうの鶏もも肉でもおいしいです。

仕上げ memo

器に肉と焼いた野菜を盛り、
好みでクレソンを添える。野
菜は、かぶ、パプリカ、れん
こんなどでも。クレソンのか
わりに、トマト、ゆでたブロッ
コリーでも。

動画もチェック！

目標:
おいしい
でき上がり

GOAL!
1
焼き縮みが少なく、
見た目が豪華

GOAL!
2
外はこんがり、
中はジューシー

おいしさの
公式:

**骨つき肉を
使う**　+　**油と
卵黄で
マリネする**

肉のたんぱく質のひとつである**コラーゲンは、65℃の加熱で1/3〜1/4に収縮**する。特に、もも肉にはコラーゲンが多いが、**骨つき肉を使うと、腱と骨で肉が固定されているため、ある程度焼き縮みが抑えられ**、ボリュームが損なわれない。ただ、食べにくいので、腱を切らずに骨から身をはずすなど下ごしらえに一工夫を。

肉をオーブンで焼くと、乾燥や肉汁の流出により、ぱさつきがち。そこで、油と卵黄のマリネ液につけて焼く方法にした。油と卵黄をよく混ぜると乳化してとろみがつき、肉の上でとどまる。**油分と卵黄のたんぱく質が保護し、肉の水分の蒸発を防ぐ**。また、油は熱を伝えやすいため、塗ることで表面が高温になり、パリッと焼ける。

材料:
2人分

鶏もも骨つき肉	2本 （約500g）
卵黄	1個分
粒マスタード	大さじ1½
はちみつ	32g （大さじ1½）
塩	4g （大さじ⅔）
こしょう	少々 （1本に2〜3振り）
オリーブ油	大さじ3強 （50㎖）

［ つけ合わせ ］

にんじん	小さめのもの縦¼本
さつまいも	6cm
ズッキーニ	4〜5cm （40g）

準備

耐熱容器または天板に、アルミホイルを敷いてから（巻きつけて縁まで覆う）クッキングシートを敷く（二重にすると破れたときに安心で、縁の焦げつき防止になる）

縦4等分に
切る
↓

にんじん

厚さ4等分の
輪切り
↓

さつまいも

縦4等分に
切る
↓

ズッキーニ

作り方：

1

鶏もも骨つき肉は
表面の水けをふき、
食べやすいよう
切り込みを入れる

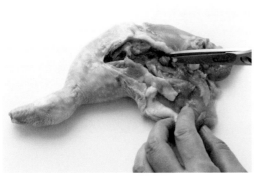

まないたに皮側を下にしておく。骨に沿って、キッ
チンばさみで切り込みを入れ、身を開く。

↓

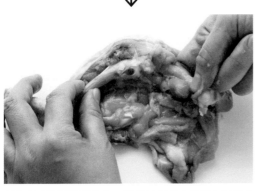

骨と肉の間に指を入れ、肉をはがすようにして骨を
指で持ち上げる。中央のとまっている部分（腱）は
切らない。

2

マリネ液を作る。
卵黄をほぐし、マスタード、
はちみつ、塩、こしょう、
油を加えて混ぜる

油以外を先に入れ、泡立て器でよく混ぜる。

↓

油は一度に
入れると分離するので、
細くたらすようにして
少しずつ混ぜる

3 鶏肉をマリネ液につける。ポリ袋に鶏肉、マリネ液を入れ、袋ごとよくもみ、冷蔵室で30分以上おく

ポリ袋でつけると、マリネ液が少量ですみ、味もしみ込みやすい。

骨と肉の間はマリネ液がしみにくいので、塗ってから袋に入れる。

↘

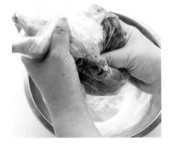

全体に行き渡るように、袋ごとよくもむ。

空気を抜き、口を閉じる。つけ込み時間は30分以上。2日間まではこの状態で日もちするので、肉の保存にもおすすめ。

4 3を汁ごとボウルに移す。野菜にマリネ液をまぶし、耐熱容器に並べ、鶏肉をのせ、200℃のオーブンで40分焼く

 オーブンは200℃に予熱 ⇒ 200℃　　🕐 予熱 ⇒ 40分

下に野菜を敷いて肉をのせる。出た肉汁を野菜が吸うので、野菜はおいしくなる。かつ、肉汁で肉がぬれないので、肉の表面がカリッと焼ける。

↓

肉と野菜を並べた上から、マリネ液をかける。オーブンのくせを考慮して、途中で耐熱容器の奥と手前を入れかえる。

サーモンマリネ

仕上げ memo

生鮭を3mm厚さに切る。冷蔵室から出したての冷たい状態のほうが切りやすい。器に並べ、刻んだディルの葉1本分にオリーブ油大さじ2を混ぜてソースを作り、かける。

簡単で手間もかからないので、初心者にもおすすめ。ほどよい塩けとむっちりとした食感を出すには、生鮭に、塩と砂糖をまぶすのがポイント。

作り方：

1 生鮭全面に、塩、こしょう、きび砂糖を振り、よくすり込む

材料： 作りやすい分量・約2人分

生鮭 (刺し身用・さく)	200g

下ごしらえ

サーモンは
キッチンペーパーで
水けをふく

塩	8g (サーモンの重さの4%)
きび砂糖	8g (サーモンの重さの4%)
こしょう	1.2g (小さじ1/2 サーモンの重さの0.6%)

＊こしょうは2振りで0.1gが目安

ディル	2本

＊ディルがない場合はイタリアンパセリ、パセリでも可

調味料はどれから振ってもよいし、全部混ぜてから振ってもよい。

↓

全面に広げ、手ですり込むようにしてなじませる。

目標:
おいしい
でき上がり

GOAL!
1
独特の歯ごたえ

GOAL!
2
適度な塩かげん

GOAL!
3
美しいオレンジ色

おいしさの
公式:

塩　砂糖
1:1
で脱水する

+

塩分濃度
は4%で
1日おく

+

きび砂糖を
使用

サーモンマリネは保存性を高めるため、水分を抜くことが必要で、それにより、独特のむちっとした歯ごたえが生まれる。ただし、塩だけを使うと塩辛くなるため、砂糖も使用。**砂糖は水分と結合しやすく、食品の水分を奪う強力な脱水作用がある。また、砂糖は塩より分子が大きいため、味はしみ込みにくい。**

サーモンマリネの塩分濃度は、好みによって3〜8%くらいまで幅があるが、この本では、4%にして1日つけるレシピとした。ちなみに、フランスでは6%ほどもある。**塩分濃度が低いほうが魚のうま味が味わえるが、日持ちが悪くなる上に、身がやわらかく切りにくい。**切る際は、直前まで冷蔵室でよく冷やしておく。

もともと**サーモンには、水分が抜けることで色素が凝縮されて、色が濃くなる性質がある。**また、上白糖やグラニュー糖など白い砂糖ではなく、きび砂糖や三温糖など褐色のものを使うと、その**色素でサーモンが染まり、色が濃くなる。**水分が抜けて色素が凝縮されることとの相乗効果で、美しく濃いオレンジ色になる。

動画もチェック！

2 ディルをのせ、
ラップで二重にぴっちりと包む。
バットにのせ、冷蔵室に24時間おく

3 表面の調味料を、水で洗い流す。
水けをふき、キッチンペーパーと
ラップで包み、冷蔵室で保存

ラップで包んだら、さらにラップで包んで空気を抜くようにして密閉する。

ボウルにためた水の中で、やさしく洗い流す。

↙

保存 memo
キッチンペーパーとラップに包んだ状態で、冷蔵室で1週間保存可能。冷凍保存の場合は、同様に包み、1カ月保存可能。解凍は冷蔵室で自然解凍する。キッチンペーパーは魚から出た水で汚れるので、毎日とりかえ、乾燥しないようラップでぴっちりと包む。

キッチンペーパーで水けをよくふいたら、切り分けて食べる。

アヒージョ

アヒージョとはスペイン語で「小さなにんにく」の意味で、オリーブ油とにんにくで煮込む料理。かき、たこ、ほたてでも美味。残ったオイルはパスタソースに使っても。

材料： 2人分・15cmのスキレット1台分		
えび (殻つき)	120g	(正味100 g)
マッシュルーム		6個
にんにく		1かけ

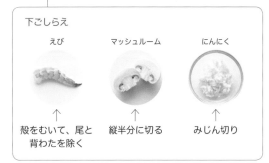

下ごしらえ

えび	マッシュルーム	にんにく
↑	↑	↑
殻をむいて、尾と背わたを除く	縦半分に切る	みじん切り

塩	2g	(小さじ½弱)
オリーブ油	150ml	(120g)
赤とうがらし	½本	(種を除いて3つに切る)
好みのハーブ (写真ではタイム)		2本

作り方：

1 えびのくさみをとる。
塩と片栗粉を振ってもみ、
水で洗い、水けをふく

塩小さじ1/2、
片栗粉小さじ1
(ともに分量外)
を振り、水けが
出てくるまでもむ。

↘

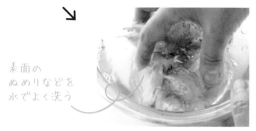

表面の
ぬめりなどを
水でよく洗う

目標:
おいしい
でき上がり

GOAL!
①
具がやわらかい

GOAL!
②
えびのくさみがない

おいしさの
公式:

> 揚げるの
> ではなく、
> **油で煮る**
> 料理

+

> 塩、片栗粉で
> くさみを
> 除く

油は比熱が水の半分なので、短時間で火が通る。また、**食材の組織の間に油が入り込むことで、やわらかい食感を生む。**ただし、油は温度が上がりすぎないように注意。えびのたんぱく質は高温の熱で組織が1/3に収縮するので、90〜100℃（油がふつふつとする程度）で、短時間加熱するのが正解。

魚介類のくさみの原因はトリメチルアミンという、**魚介のうま味成分が細菌によって分解されたもの。水にとける性質なので、魚介に塩を振って脱水させれ**ば、水けといっしょにとり除くことができる。このとき片栗粉を振ると、こまかい粒子が水分を吸着するため、くさみをとる効果がより高まる。

動画もチェック!

---

2 スキレットにマッシュルーム、えびを並べ、塩、にんにく、赤とうがらし、ハーブを入れて油を注ぐ

まずマッシュルームを並べ、えびはその間にうずめるように入れると、加熱がおだやかになり、身の縮みが小さくなる。

油の量は、材料の高さの2/3以上が目安なので、スキレットの口径が大きくなればその分をふやす。

3 中火にかけふつふつとしてきたら弱めの中火にし、7分煮る

🔥 中火 ⇒ 弱めの中火　　 ふつふつするまで ⇒ 7分

小さな泡がふつふつと出る状態を保つ火かげんで煮るのがよい。

アクアパッツァ

イタリア版の煮魚です。アクア（水）、パッツァ（狂った）の名前どおり、魚介を水から入れてぐらぐら煮ます。和食の煮魚とちょっと違う調理科学があります。

仕上げ memo

好みでパセリのみじん切り、こしょうを振る。

材料：2人分

たい	2切れ (200g)
塩	2g (大さじ⅜ たいの重さの1%)

あさり	250g	にんにく	1かけ
ミニトマト	10個	白ワイン 大さじ4	(60㎖)
オリーブ油	大さじ1	水	150㎖

下ごしらえ

たいは皮に切り目を入れ、塩を振って10分おく。出てきた水分にはくさみ成分が含まれているので、キッチンペーパーでふく

あさりは3%濃度の塩水に一晩ひたして砂出しをし、流水で洗い、水けをきる

ミニトマト ← 半分に切る

にんにく ← 半分に切ってつぶし、中心の芽を除く

作り方：

1 フライパンで油とにんにくを弱火で2分熱してとり出す。たいを皮目から入れ、中火で2分焼く

弱火 ⇒ 中火　　2分 ⇒ 2分

にんにくの香りを油に移す。香り成分は脂溶性なので、冷たい油から入れ、弱火でゆっくりと加熱。にんにくが薄い茶色になったらとり出す。

フライパンを少し傾け、油にひたるようにして焼くと、きれいな焼き色がつく。

目標:
おいしい
でき上がり

GOAL! 1 生ぐさくない

GOAL! 2 魚介のうま味が出ておいしい

GOAL! 3 煮くずれしない

おいしさの公式:

魚の皮をしっかりと焼く。煮るときはふたをしない
+
水から煮る
+
基本的に動かさない

くさみは揮発性（蒸発しやすい性質）であるため、まず、魚の皮をよく焼くことで、表面のくさみ成分が蒸発する。それとともに、焼き色（メイラード反応）により香ばしい香りがつき、マスキングの効果もある。次に、魚を煮る際は、ふたはしない。ふたをしないでぐらぐらと沸騰させ、魚のくさみ成分を蒸気とともに蒸発させる。

魚は、低温（20〜45℃）の水から加熱すると、高温から入れるより、魚のたんぱく質やうま味成分が汁にとけ出しやすい性質がある。和食の煮魚では煮汁が煮立ってから入れて魚のうま味が逃げないようにするが、アクアパッツァでは逆で、スープもおいしくなるよう、水から煮て魚介のうま味を溶出させる。

魚のたんぱく質は、40〜60℃で凝固する（火が通る）ので、加熱し始めは取り扱いに注意。ちなみに50℃がいちばんやわらかい状態でくずれやすい。皮を焼いて裏返す際は、ターナーでそっと裏返し、煮始めたら動かさない。魚の皮に切り目を入れておくと、皮が縮んで身がそり返ったり、煮くずれしたりを防げる。

動画もチェック！

---

2 たいを裏返して強火にし、あさり、ミニトマト、白ワインを加え、ふたをして加熱する

 強火　　あさりの口が開くまで（目安は1分）

あさり、ミニトマトはフライパンのあいた場所に並べる。ワインの香りには、魚のくさみ成分をマスキングする効果がある。

3 水を加え、中火で5分煮る

 中火　　5分

アクアパッツァは魚、貝、野菜を入れるのがポイント。たいにはイノシン酸、あさりにはコハク酸、トマトにはグルタミン酸と、種類の違ううま味成分が含まれており、うま味の相乗効果が生まれる。

オニオングラタンスープ

玉ねぎを長時間かけて炒めて作る料理ですが、電子レンジでできるように工夫しました。レンジには計30分かけますが、従来の作り方よりも手間はかかりません。

好みでパセリ少々を振ってもよい。

仕上げ memo

動画もチェック!

目標:
おいしい
でき上がり

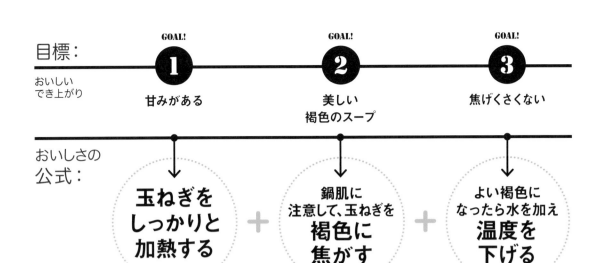

GOAL! 1	GOAL! 2	GOAL! 3
甘みがある	美しい褐色のスープ	焦げくさくない

おいしさの
公式:

玉ねぎをしっかりと加熱する ＋ **鍋肌に注意して、玉ねぎを褐色に焦がす** ＋ **よい褐色になったら水を加え温度を下げる**

玉ねぎは糖度が高い野菜だが、**生のままでは辛み成分の硫化アリルがきわ立って甘みを感じにくいため、加熱して辛み成分を揮発させる**ことが必要。一般的には鍋で1時間以上かけて水分を飛ばしながらあめ色になるまで炒めるが、手間を省くため電子レンジを併用。加熱むらを防ぐため、10分ずつ3回に分けて、ゆっくり加熱する。

炒め玉ねぎはあめ色玉ねぎとも呼ばれ、褐色と芳香が特徴。**この褐色はいわば〝焦げ〟で、加熱によって食品中の糖とアミノ酸が反応した褐色現象（メイラード反応）**によるもの。いちばん焦げやすいのは鍋肌（鍋の内側の側面）で、そこが褐色になったらこそげ落として、ほかの部分と混ぜながら徐々に褐色を濃くしていくのがコツ。

メイラード反応はいきすぎると炭化して、苦みを生じたり、焦げくさいにおい成分を含んだりする。全体がちょうどよい褐色になったら、水を少し加えて温度を下げ、加熱が進まないようにする。褐色ぐあいは好みにもよるが、記載した時間（p.77）を参考に炒め、さらに色を濃くしたい場合は、30秒ずつ炒め時間をふやして調整する。

材料:
2人分

[炒め玉ねぎ] でき上がり量：140〜160g

玉ねぎ	400g（2個）
バター（食塩不使用）	40g（玉ねぎの重さの10%）
塩	1.5g（でき上がりの1%の重量）

＊バターが加塩の場合は必要ない

[オニオングラタンスープ]

炒め玉ねぎ（上記参照）	80g
コンソメスープ（顆粒）	小さじ2
バゲット（7〜8mm厚さのスライス）	2枚
ピザ用チーズ	50g
水	300mℓ

下ごしらえ

玉ねぎは半分に切り、繊維に沿って薄切りにする

炒め玉ねぎは冷凍できる

残った分はラップに包んで冷凍すれば、約1カ月保存可能。オニオングラタンスープのほか、カレー、ハンバーグの肉だねに入れるなどさまざまに使える

作り方：

1

耐熱容器に玉ねぎ、バター、
塩、水（100㎖）を入れ
ラップをして電子レンジで
10分×3回加熱する

♨ 電子レンジ600W　　⏱ 10分 ⇒とり出して混ぜる⇒ 10分⇒ とり出して混ぜる ⇒10分

耐熱容器に玉ねぎの9割ほどを入れ、バターをのせ、残りの玉ねぎをのせる。バター（油脂）は加熱すると高温になるため、バターとラップが直接ふれていると、ラップがとける可能性がある。防止するために玉ねぎをのせる。

↓

水を加える。

ラップをかぶせ、電子レンジ600Wで10分加熱を3回行う。

↓

とり出すたびに底から混ぜ、熱の回り方を均一にする。

2

フライパンに移して広げ、
強めの中火で3分加熱する。
周りが焦げ始めたら、
1分30秒炒め、あめ色にする

♨ 強めの中火　　⏱ 3分そのままおく ⇒ 焦げ始めたら1分30秒

水分を蒸発させるため、広げて3分おく。

焦げ始めるのは周りからなので、玉ねぎと鍋の境界をよく見る。

↓

境界が茶色になってきたら、全体を混ぜながら炒める。

1分30秒炒めた状態。

3 火を止めて水（50㎖）を加え、再び強めの中火にかけ、かき混ぜて水分を飛ばす

🔥 火を止める ⇒ 強めの中火 　 ⏱ 3〜4分

水を加えることで温度を下げて、これ以上加熱が進まないようにする。

↓

再び火にかけて混ぜることで、水分を飛ばすと同時に鍋肌についた焦げがとけて全体の色が均一になる。

↓

炒め玉ねぎのでき上がり。

4 鍋に水、炒め玉ねぎ、コンソメを入れてあたため、器に入れる。パン、チーズをのせ、オーブントースターで5分焼く

🔥 中火 強 ⇒ オーブントースター 　 ⏱ あたためる⇒ オーブントースターで5分

炒め玉ねぎを使って、オニオングラタンスープを作る。鍋に水、炒め玉ねぎ、コンソメを入れてあたためるだけ。

↓

耐熱容器にスープを注ぎ、バゲットをのせる。

↓

チーズをのせ、オーブントースターでチーズに焦げ目ができるまで焼く。

かぼちゃのポタージュ

野菜の甘みを生かし、クリーミーでなめらかな口当たり。フレンチレストランの味を家庭で再現できるよう工夫しました。生クリームを加える前なら冷凍できるので、少し多めの分量にしています。

仕上げ memo

好みでパセリのみじん切りを浮かべる。

材料： 3〜4人分

かぼちゃ	1/8個 (250g・正味 175g)
玉ねぎ	1/2個弱 (90g)
バター	20g
コンソメスープ（顆粒）	小さじ2
生クリーム	200㎖
塩	1g (ひとつまみ)
砂糖	5g (大さじ1/2)
水	400㎖
A 片栗粉	小さじ2 (6g)
水	小さじ2

（混ぜる）

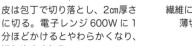

かぼちゃ
↑
皮は包丁で切り落とし、2cm厚さに切る。電子レンジ600Wに1分ほどかけるとやわらかくなり、切りやすくなる

玉ねぎ
↑
繊維に沿って薄切り

作り方：

1 鍋にバターをとかし、玉ねぎを入れて中火で2分炒める。かぼちゃを加えて混ぜ、水300㎖、コンソメを加える

🔥 中火　⏱ バターがとけるまで ⇒2分

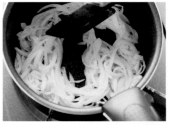

油がからまり、玉ねぎが透き通るまで炒める。

↓

置き換え

目標：
おいしい
でき上がり

GOAL! 1	GOAL! 2	GOAL! 3
野菜の甘みを生かす	なめらかな口当たり	ちょうどよいとろみ

おいしさの公式：

玉ねぎをじゅうぶんに煮る ＋ ミキサーでペースト状にし、こし器でこす 水どき片栗粉でとろみをつける

玉ねぎの甘みを出すには、じゅうぶんな加熱が必要。玉ねぎには独特の刺激・辛み成分の硫化アリルが含まれており、これが**糖（甘み成分）をマスキングしている**ため、加熱して分解・揮発させる。また**90℃以上の加熱で細胞をつなぐペクチンの組織が壊れること**で、糖がとけ出し、甘みが出る。

ミキサーにかけると、**野菜の組織は粉砕され、繊維が短くなる**。さらに、**こすことで、網目を通らないあらい粒子がとり除かれ、ポタージュはよりなめらかになる**。舌ざわりのよさを求めるなら、めんどうでもミキサーにかける、こすという作業は必要。こし器がない場合は万能ざるでもよい。

野菜と生クリームでもとろみはつくが、**水どき片栗粉でまとめると、とろみが均一になり、安定する**。片栗粉の量は、**ポタージュ全体の重量の約1%が目安**で、こしたときの重量をはかり、生クリーム分を足して算出する。生クリームを牛乳に変える場合は、水どき片栗粉の量を多くするとよい。

動画もチェック！

---

2 煮立ったらアクを除き、弱火でふたをして20分煮る。ミキサーにかけてつぶし、こし器でこす

中火 ⇒ 弱火 ⇒ 火を止める　　煮立ってアクを除くまで ⇒ 20分

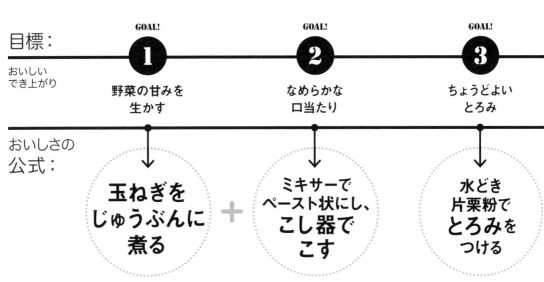

20分煮た状態。煮ることで玉ねぎの甘みがじゅうぶんに引き出される。

ミキサーでペースト状にする。ミキサーに付着した分は、水100mlで洗い、いっしょにこして利用する。生クリームを加える前のこの状態なら冷凍できる。

---

3 弱めの中火にかけ、生クリーム、塩、砂糖を加え、A（水どき片栗粉）を加え、混ぜてとろみをつける

弱めの中火　　とろみがつき、あたたまるまで（ふつふつしてから30秒）

生クリームを加えたら、沸騰させないように弱めの火かげんにする。

水どき片栗粉は、中央に細くたらすように加え、ぐるぐるとよく混ぜながら、とろみがつくまで加熱する。

ラタトゥイユ

長時間煮ると煮くずれ
てくたくたになるの
で、形が残るよう煮込
み時間を短くしまし
た。あたためるたびに
煮詰まっていくので、
塩を控えめにするのが
コツ。

材料： でき上がり量：700g

ベーコン （ブロック）	50g	トマト缶 （カットタイプ）	
玉ねぎ	100g（½個）		小1缶（200g）
パプリカ （赤・黄）		にんにく	1かけ
	120g（各½個）	塩	5g（小さじ1）
なす	80g（1個）	ローリエ	1枚
ズッキーニ	100g（½本）	オリーブ油	大さじ1

玉ねぎ

↑
2cm角に切る

なす

↑
2cm角に切り、水に
ひたしてアク抜きをする

パプリカ

↑
2cm角に切る

ズッキーニ

↑
2cm角に切る

にんにく

↑
みじん切り

ベーコン

↑
2cm角に切る

作り方：

1 鍋に油、にんにくを入れ、
弱めの中火にかけ、30秒炒める。
玉ねぎ、塩を加え、1分炒める

 弱めの中火　　30秒 ⇒ 1分

にんにくの香り
が出たら玉ねぎ
を加える。塩は
ひとつまみ（1g）
ほど加える。

↘

玉ねぎは透き通る
くらいを目安に。
玉ねぎをよく炒め
ると、仕上がりの
甘みが増す。

目標:
おいしい
でき上がり

GOAL!
1
野菜のうま味を
引き出す

GOAL!
2
煮くずれしない
美しい仕上がり

おいしさの
公式:

**うま味の
相乗効果
をねらう** ＋ **野菜を
一度
とり出す**

うま味成分のアミノ酸を含む
食材を使い、組み合わせるこ
とで、うま味が飛躍的に増す
（うま味の相乗効果）。和食の
昆布とかつお節の組み合わせ
はよく知られているが、洋食
でもこの方法はよく使われて
おり、**トマトのグルタミン酸
×肉類のイノシン酸**はその代
表。**トマトは赤く熟したほう
がうま味が強いので水煮が向
いている。**

なすやズッキーニは煮くずれ
しやすい野菜なので、途中で
煮くずれしてしまわないよう、
ベーコンと炒めたところで一
度とり出す。**数分炒め合わせ
れば全体の一体感は出るので、**
トマトの水煮を煮詰めたとこ
ろで戻せばよい。ここではパ
スタとあえる、パンにのせる
などアレンジがきくよう、小
さめの角切りにした。

動画もチェック！

---

2 パプリカを加えて1分、なす、ズッキーニ、
ベーコン、塩2gを加えて
2分炒める。一度とり出す

 弱めの中火　1分⇒2分

かたいパプリカから
加え、ベーコンは最
後に加える。煮くず
れ防止で一度とり出
すが、煮くずれして
もよい場合はとり出
さなくてよい。

3 あいた鍋にトマト、塩2gを加え、
中火で1分30秒煮詰める。
2とローリエを加え、2分炒める

 中火　1分30秒⇒2分

トマトは2/3量
程度になるまで煮
詰める。水分が飛
び、うま味が凝縮
される。

混ぜたときに、鍋
底が少し見えるく
らいまで水分が飛
び、とろみがつく
まで炒める。

シーザーサラダ

みずみずしい葉野菜とカリッと焼いたベーコン、バゲット。温泉卵をのせた、ごちそう感のあるサラダです。にんにく風味のマヨネーズドレッシングをかけて。

仕上げ memo

好みで黒こしょうを振る。

材料： 2人分

レタス	2枚
サニーレタス	1枚
バゲット（5mm厚さのもの）	2枚 (15g)
ベーコン	2枚 (30g)
オリーブ油	小さじ1
粉チーズ	小さじ2
温泉卵（市販品または、p.83参照）	1個

A	マヨネーズ	大さじ2
	牛乳	大さじ1
	酢	大さじ½
	にんにく（すりおろし）	小さじ⅕ (1g)
	黒こしょう	少々 (3〜4振り)

ベーコン

↑
2cm幅に切る

バゲット

← 4等分に切り、オーブントースター強で2分加熱し、そのままおいて、余熱で乾燥させる

作り方：

1 レタス、サニーレタスは洗って水につける。水がついたまま、ちぎる。ざるに立てて入れ、使うまで冷蔵室に入れておく

レタスは、繊維に沿って縦に手で裂いたあと、一口大にちぎる。

30分以上冷蔵室に入れる場合はラップをする。

目標:
おいしい
でき上がり

GOAL!
1
レタスに張りがあり、
シャキッとした食感

GOAL!
2
みずみずしい

おいしさの
公式:

葉っぱを
水につける

+

野菜
水きり器を
使わない

植物の細胞は、たとえると、袋（細胞壁）に水が入っている状態で、**細胞の中に水が多ければ、袋はパンパンで、少しの圧力（咀嚼）で破裂して、シャキッとした歯ごたえを生む**。そのため、生野菜は、使う前にたっぷりの水で洗ってざるに上げ、使う直前まで冷蔵室に入れておくことで、失われた水分を吸収させる。

回転式の野菜水きり器を使うと、野菜の表面が乾きすぎることが多い。特にちぎった葉野菜は断面積がふえるため、中の水分が蒸発して乾燥が進みやすい。葉野菜は水がついたままちぎり、ざるに立てて水をきる程度でじゅうぶん。盛りつけるまで冷蔵室に入れると、**乾燥した冷蔵室内で葉についた水を吸い上げてシャキッとする**。

動画もチェック!

---

2 フライパンに油、ベーコンを入れ、中火で3分焼く。キッチンペーパーの上にとり出し、余分な油をとる

中火　3分

ベーコンは端がカリッとするくらいを目安に焼く。

3 Aを混ぜてドレッシングを作る。器に盛り、ドレッシングをかけて温泉卵をのせ、粉チーズを振る

ドレッシングと粉チーズは、かけて時間がたつと野菜から水分が出て食感が悪くなるので、食べる直前にかける。

【 温泉卵を作る場合 】

小鍋に湯1ℓ、水120㎖を入れ、冷蔵室から出したての卵2個を入れる（これで約70℃）。温度計をさし65〜70℃を保つよう、ごく弱火で25分加熱。

パエリア

見た目が豪華だからか、むずかしそうと思われがちですが、
フライパンひとつあればできる手軽な料理です。具材は白
身魚の切り身、いか、鶏肉など好みのものでもOK。

動画もチェック!

仕上げ memo

くし形切りのレモン、好みで
パセリを添えても。

目標：
おいしい
でき上がり

GOAL! 1　パエリアらしい
ごはんのかたさ

GOAL! 2　ごはんがパラッと
仕上がる

GOAL! 3　味が決まる

おいしさの
公式：

米は洗わない。
水かげんは
**米＋水＝
370g**

＋

**米を油で
炒める**

＋

**米180mlに
対して
コンソメ
小さじ1**

米は洗うと、米の重さの10％を吸水するので、パエリア特有のかたい炊き上がりにするには、洗わないのがよい。かたいごはんは苦手という場合は、洗ってから炒めてもよい。**水の分量は、米180ml（150g・1合・洗わない）＋水＝370g**。フライパンで作るので蒸発量が多く、ピラフ（p.88）より用意する水分量は多い。

米を油で炒めると、米粒の表面が油でコーティングされ、吸水や熱の浸透が遅れるため、パエリア特有のかたさに炊き上がる。また、炒めた米は、炊くときに上と下で加熱むらができやすいため、鍋ではなく、フライパンのような浅い器具で炊くほうがよいとされており、パエリアパンはこの点で理にかなっている。

パエリアの味つけは**米180ml（150g・1合）に対して、塩分1.3gがちょうどよく、コンソメなら小さじ1が適量**。通常、ピラフや炊き込みごはんでは、米180mlに対して塩分2.5gで、炊き上がりの塩分濃度が約0.8％になるが、パエリアの場合は、あさりなど塩分のある具材が入るため、調味料はピラフの半分程度でよい。

材料：
20cmの
フライパン
1個分

米	180ml（150g・1合）
あさり	小14個（100g）
えび（殻つき）	7尾（100g）
パプリカ（赤）	1/4個（30g）

にんにく（みじん切り）	1かけ
サフラン	ひとつまみ
コンソメスープ（顆粒）	小さじ1
湯	220ml
トマトソース（市販品またはp.52参照）	大さじ2（30g）
オリーブ油	適量

**下ごしらえ
あさりの砂出し**

アルミホイルをかぶせ、
冷蔵室で一晩おく

あさりはバットに並べ、3％の濃度の塩水（水100mlに3gの塩）を、あさりが半分ひたるくらいまで注ぐ。あさりの下に網を敷くと、あさりから出た汚れが下にたまり、水が濁りにくくなる

流水で殻をこすり合わせるように洗い、ざるに上げる

下ごしらえ　えび

えびは背側に切り込みを入れ、背わたを除く。殻つきのまま使用

水で洗い、水けをとり、殻の内側に塩を振って下味をつける

縦に5mm幅に
切る
↓

パプリカ

作り方：

1

サフランは湯に15分つける。
フライパンに油少々を熱し、
えび、パプリカを
中火で30秒焼き、とり出す

🔥 中火　⏱ 30秒

サフランの花のめしべで上
品な香りがあり、料理を黄
色に色づける。

サフランはぬるま湯にひたして色を引き出す。サフ
ランがない場合は、カレー粉小さじ1で代用（そ
の場合は、米を炒めるときに入れる）。

↓

えびの殻が
赤くなる程度で
OK

魚介は一度焼くと、焼き色がついて香ばしくなり、
くさみも抜ける。

2

フライパンに油大さじ1、
にんにくを入れて弱火で
30～40秒炒め、米を加え、
さらに30秒炒める

🔥 弱火　⏱ 30～40秒 ⇒ 米を加えて30秒

みじん切りのにんにくは焦げやすいので注意。色づ
く前に、米を加える。

↓

米は油が
からむ程度に
軽く炒める
くらいでよい

米を炒めすぎると、表面が乾燥して割れ、炊き上が
りがかたくなりすぎてしまう。

3 トマトソースを入れて混ぜ、1の湯、コンソメを加えて強火で混ぜ、沸騰したら中火で混ぜながら2分煮る

🔥 強火 ⇒ 中火　　⏱ 沸騰するまで ⇒2分

具材を入れる前に、米だけで少し煮る。初めから具材を入れると加熱むらができ、米に芯が残りやすい。

↓

米をおおっていた水けが蒸発して、米が見えるようになればよい。

4 弱火にし、あさり、えび、パプリカをバランスよく並べ、ふたをして3分炊く。火を止め、10分蒸らす

🔥 弱火 ⇒ 火を止める　　⏱ 具材を並べる・ふたをして3分 ⇒10分

あさりは口を上にして、米にさすように並べると、上向きにきれいに開くので、仕上がりが美しくなる。

パエリアの具材のバランスと味つけ

パエリアの具材は見栄え重視で、フライパンに入る分の具をのせる考え方でよい。あさりは塩分が高い食材で、殻つき100g（正味40g）で0.8gの塩分が出る。ムール貝、はまぐりもあさりと同等の塩分がある。個体差も大きいため、あさりの量によって、コンソメの量をかげんすると味が決まりやすい。

case study #025

チキンピラフ

調理学では、炊く前に炒めるのをピラフ、炊いたあとに
炒めるのがチャーハンと定義。パラリとしているのに、
ふっくらとした日本人好みのピラフを炊飯器で作ります。

仕上げ **memo**

彩りに、パセリのみじん切り
を散らす。

材料：2人分	
米	360㎖ (300g・2合)
鶏もも肉	200g
玉ねぎ	100g (½個)
バター	20g
塩	1g (小さじ⅕)

白ワインまたは酒	大さじ2 (30㎖)
コンソメスープ（顆粒）	小さじ4
湯	330㎖

1.5cm角に切る
↓

鶏肉

みじん切り
↓
玉ねぎ

作り方：

1 フライパンでバター半量、鶏肉、
玉ねぎ、塩を炒める。残りのバター、
米を入れ、30秒炒める

中火　バターをとかす ⇒ 鶏肉1分
⇒ 玉ねぎ、塩2分 ⇒ 米30秒

鶏肉は表面の色
が変わり、玉ね
ぎはしんなりと
するまで炒める。

↓

米全体にバター
がからむ程度で
よい。

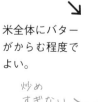

炒め
すぎない
ように

目標：
おいしい
でき上がり

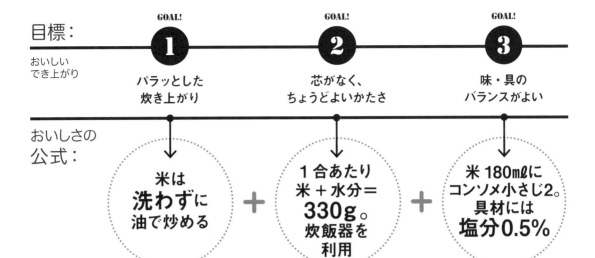

GOAL! 1
パラッとした
炊き上がり

GOAL! 2
芯がなく、
ちょうどよいかたさ

GOAL! 3
味・具の
バランスがよい

おいしさの
公式：

米は **洗わずに** 油で炒める

＋

1合あたり
米＋水分＝
330g。
炊飯器を
利用

＋

米180mℓに
コンソメ小さじ2。
具材には
塩分0.5%

白飯のもちもちとした食感とは異なり、ピラフ特有のべたつきのない、パラリとした食感を出すために、米は油で炒めてから炊く。米の表面を油でおおうことで、水や熱が米の中心部まで浸透しづらく、米の糊化が妨げられるので独特の食感が得られる。このとき、米は洗わないほうが、よりかために炊き上がる。

水かげんは米1に対して、重さ（重量）ではかるなら1.2倍、容量ではかるなら同じにすると、ちょうどよいかたさになる。米180mℓ（150g・1合）＋水分＝330gと覚えるとよい。また、炊くのには炊飯器を利用。簡単で失敗が少ないうえ、鍋で作るより水分の蒸発が少ないため、ふっくら日本人好みの食感に炊き上がる。

味つけは、米180mℓ（150g・1合）に対し塩2.5g（顆粒のコンソメなら小さじ2）＋具材に0.5%の塩分で、計0.9%の塩分濃度になり、味が決まる。ピラフはこれだけを食べることが多いので、和食の炊き込みごはんよりも少し塩分濃度が高い。具材は、米と同重量がバランスがよい。多すぎると炊きむらの原因に。

動画もチェック！

---

2 湯、白ワイン、コンソメを加え、強火にし、混ぜながら煮立たせる。（煮立ったら火を止める）

強火　⏱ 沸騰するまで

湯は水でもよいが、沸騰までの時間が短いほうがでんぷんの糊化が抑えられ、ねばりが出にくい。

ここで一度沸騰させることで、炊飯器で炊いても加熱むらが起こりにくい。

3 炊飯器に移し、炊く。炊き上がったら底から混ぜてほぐす

炊飯器

熱いまま内釜に入れ、すぐに炊く。

早炊きでもふつうに炊いてもどちらでもよい

米粒をつぶさないよう、しゃもじで底から返すようにして混ぜる。

ティラミス

卵黄をあたためながら混ぜたカスタードソースを使う、テクニックが必要なデザートですが、泡立てた生クリームとマスカルポーネを合わせた簡単クリームに。

動画もチェック!

仕上げ memo

ココアは振った直後に食べるとむせやすいので、食べる1時間前に振って、冷蔵庫で冷やす。クリームとカステラ、コーヒーの風味もなじむ。

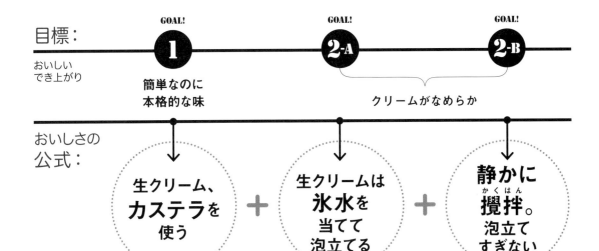

目標:
おいしい
でき上がり

GOAL! **1**
簡単なのに
本格的な味

GOAL! **2-A**

GOAL! **2-B**

クリームがなめらか

**おいしさの
公式:**

生クリーム、カステラを使う ＋ **生クリームは氷水を当てて泡立てる** ＋ **静かに攪拌（かくはん）。泡立てすぎない**

このレシピの**クリームは、マスカルポーネ：生クリーム＝1：1の割合で合わせ、8％の重量の砂糖を加える**。中にはさむスポンジは、市販のカステラを使うと甘さとコクがちょうどよくなる。本来は卵黄や卵白を泡立てたものも加えるが、卵を加えなくてもじゅうぶんおいしい。手間や失敗が少なく、作りやすい。

生クリームは、水分の中に脂肪が粒子状に分散している。**低温になると、散らばっている脂肪球が集まり、粘度が上がるため、安定して泡立ちやすい**。生クリームの泡立てに適した温度は5℃前後なので、生クリームは冷蔵室などで冷やしたものを使い、泡立てる際はボウルの下に氷水を当てるなどするとよい。

生クリームの泡は、泡立て器の攪拌でできた空気の泡に、脂肪の粒子が集まってくっついた状態。**空気を多く入れることより、温度やタイミングが重要**。激しく混ぜる必要はなく、ハンドミキサーは中速で静かに攪拌。とろみがついてくる＝脂肪の粒子が集まってきた証拠で、ここからは様子を見ながら泡立てる。

材料:
作りやすい分量・
写真の
グラスの容量
約360㎖

マスカルポーネ	200g
生クリーム	200g
上白糖	32g
カステラ (市販品)	4切れ
インスタントコーヒー(顆粒)	大さじ1½(4g)
湯	70㎖
ココアパウダー	大さじ2～3

＊ここで使った生クリームは、乳脂肪分35％のもの。乳脂肪分45％使用の場合は、泡立て時間が短くなるので注意。また、ホイップクリーム（植物性脂肪が混ざったもの）も使用可能で、泡立て時間は1分40秒を目安に。

保存 memo
冷凍保存が可能。ココアを振らない状態で冷凍し、解凍は冷蔵室で自然解凍。ココアは解凍してから振る。

下ごしらえ

カステラは厚みを2～3等分にスライスし、器に合わせて長さを切る

インスタントコーヒーは、湯でとく

作り方：

1 氷を当てたボウルに生クリーム、砂糖を入れ、ハンドミキサー中速で約3分、七分立てに泡立てる

🕐 ハンドミキサー中速で2分15秒
＊乳脂肪分45％を使用の場合は、1分30秒

泡立て始めは飛び散るので、とろみがつき始めるまでは、ボウルの半分にラップをかけて作業するとよい。

↓

とろみがついて飛び散らなくなったら、ラップをはずし、ハンドミキサーを回しながら作業。ここから一気にかたくなるので、状態を見ながら泡立てる。

↓

もったりとして、たらすと落ちた部分の跡が残るくらい（七分立て）に泡立てる。これ以上かたいと、マスカルポーネと合わせたときにぽそぽそするので注意。

2 別のボウルにマスカルポーネを入れ、ねってやわらかくし、1の生クリームを3回に分けて混ぜる

2種のクリームを混ぜるときは、かたいものに、やわらかいものを加えること。一度に加えず、1/3量ずつ加えては混ぜをくり返し、徐々にやわらかくする。

↓

ゴムべらで底から返すように混ぜ、均一になったら次を加える。

↓

クリームの混ぜ終わり。

3 グラスに **2** のクリーム、カステラ、コーヒーの順に入れ、これを2〜3回くり返して層にする

クリームはスプーンで入れてもよいが、しぼり出し袋に入れて作業するときれいにできる。ポリ袋などにクリームを入れ、先を切ってしぼれば代用できる。

↓

カステラは軽く押してクリームとなじませる。

↓

コーヒー大さじ1を加える。

4 いちばん上はクリームをのせて平らにし、ココアを振り、冷蔵室で1時間冷やす

パレットナイフやテーブルナイフを使い、グラスの縁ですりきると、真っ平らになる。グラスの大きさによって、縁まで量がない場合は、平らにならす程度でよい。

↓

ココアパウダーは粒子がこまかいので、きれいに振るには茶こしが必要。グラスの下にバットやキッチンペーパーを敷いて作業を行うと、周りが汚れない。

焼き上がったら、耐熱容器から
とり出し、ケーキクーラー（な
ければ網）の上に出して冷ます。
完全に冷めてから切り分ける。

仕上げ memo

case study #027

ベイクドチーズケーキ

クリームチーズ、生クリームともに使い切れ
る配合にしました。酸味が苦手な場合は、レ
モン汁は大さじ1にしてください。

材料： 内寸16×26cmの耐熱容器1台分

クリームチーズ	200g
生クリーム（乳脂肪分35%）	200ml
砂糖	70g
とき卵	2個分
小麦粉（薄力粉）	15g
レモンのしぼり汁　大さじ2（レモン1個分）	
バタークッキー（市販品）	10枚（80g）
バター（食塩不使用）	50g

下ごしらえ　レモンをしぼる

レモンは軽くつぶしなが
ら転がして、果肉をやわ
らかくする

半分に切り、フォークを
刺して左右にぐりぐりと
動かす。茶こしを当てた
ボウルの上で作業する
と、種が入らない

作り方：

1　クッキー生地を作る

ポリ袋を二重（破れ
るのを防止）にして
クッキーを入れ、め
ん棒などでたたい
て、こまかくする。

バターをとかして
（電子レンジの場合
は600Wで40秒加
熱）を加える。

袋ごとよくもんでな
じませる。

目標:
おいしい
でき上がり

GOAL!
1
なめらかな
口当たり

GOAL!
2
混ぜ方に
むらがない

おいしさの 公式:

クリーム
チーズは
やわらかく
する

+

かたいもの
から
混ぜる

動画もチェック!

クリームチーズは、かたい状態でほかの材料を加えると、だまになる。 まずはクリームチーズを室温にもどすが、電子レンジを利用すると手軽。クリームチーズ 100g につき、600W で 20 秒を目安にすると、ゴムべらで混ぜやすいかたさになる。次にクリームチーズだけをよくねり混ぜ、マヨネーズくらいのやわらかさにすると、焼き上がりがなめらかになる。

混ぜるときには、**かたいものにやわらかいもの(複数の場合は、次にかたいもの)を混ぜるのが**ルール。このレシピの場合、クリームチーズ⇒砂糖⇒卵⇒粉⇒生クリーム⇒レモン汁の順が適当。砂糖を加えると、**砂糖の脱水作用でクリームチーズが一気にやわらかくなるので**混ぜやすくなる。また、レモン(酸)は、乳たんぱく質をかたくする作用があるため、最後に加える。

2　耐熱容器にクッキングシートを敷く

とり出すのが不安な場合は、帯状に折ったアルミホイル 2 枚を敷いて、持ち手を作るとよい。クッキングシートは、容器の底より一回り大きく切り、四隅に切り込みを入れる。

耐熱容器に水小さじ 1 を入れ、切ったクッキングシートを敷く。水を入れてから敷くと、ピタッと密着する。

3　容器にクッキー生地を敷く

容器にクッキー生地を入れて広げる。

クッキングシートをのせ、上からスプーンの背でつぶして、容器の底全面に薄くのばす。冷蔵室で 30 分以上冷やす。

4

ボウルにクリームチーズを
入れ、ねってやわらかくする。
砂糖を加え混ぜ、とき卵を
2回に分けて加え混ぜる

クリームチーズは電子レンジ600Wで40秒加熱
し、やわらかくなったら、ゴムべらでねり混ぜる。

↓

とき卵は半量ずつ加え、そのつどよく混ぜる。

↓

ゴムべらまたは泡立て器で、均一な状態になるまで
ぐるぐる混ぜる。

5

薄力粉を振り入れて混ぜ、
生クリームを加えて混ぜ、
レモン汁を加えて混ぜる。
オーブン（170℃）で35分焼く

 オーブンは170℃に予熱
⇒170℃

 予熱 ⇒ 35分

薄力粉は茶こしでふるって加え、粉っぽさがなくな
る程度に混ぜる。

↓

生クリームを3回
に分けて混ぜる。

レモン汁は最後に
加える。

↓

クッキー生地の上に流し入れ、オーブンへ。

知ってなるほど!

料理の
データ

塩が味を決めるといっても過言ではない洋風料理。
それはなぜ?どうすればいいの?といった基本から、この本
で紹介したさまざまな調理法についてまで、詳しく解説。
レシピとあわせて読んでください。
料理の腕を上げるのに一役買ってくれるはず。

この本で使う調味料

主なものを一覧にしました。スーパーなどで手に入る、一般的なものでじゅうぶんです。

名称	目的	選び方
塩	塩味	肉に塩を振って焼く場合は、少量で味が変わるため、粒のこまかいさらさらタイプのほうが調整しやすく、使いやすい。しっとりタイプはにがりなどミネラルが豊富でうま味があるので、焼いた肉に直接つけて食べるなどの使い方をするとよい。
こしょう	香り、辛み	白こしょう、黒こしょう、黒と白を混合したものなど、好みによって、または料理により使い分ける。この本では、混合タイプを使用。メーカーによって容器の穴の大きさが違うので注意。
ワイン酒	くさみ消し、風味	洋食では主にワインを使用。料理に色をつけたくないときは白を使う。白ワインのほうがアミノ酸が多いのでうま味が加わる。赤ワインはポリフェノールの効果で、味を引き締め、複雑な風味を出すのに向く。料理用ワインは糖や酸が調節されて使いやすくなっている。
砂糖	甘み	上白糖、グラニュー糖、三温糖、きび砂糖などがあるが、上白糖が手ごろ。また、料理に色がつかないため使いやすい。
トマトケチャップ	甘み、酸味	一般的に流通しているものでよい。この本ではオムライス、ハンバーグのソースなどに使用。
酢	酸味	洋食ではワインビネガーを使うことも多いが、酸度が高い＝すっぱいので、安価な米酢、穀物酢でOK。米酢より穀物酢のほうが酸度が若干高く、すっぱめ。香りが少ないので、加熱して使う料理に向く。米酢は香りがあるので、加熱せずに使う料理に向くとされる。
コンソメスープ（顆粒）	うま味、塩味	洋食版だしのもと。顆粒、固形、粉末など形状がさまざまだが、好みのものを。この本では顆粒タイプを使用。固形1個は塩分2.5 g、顆粒小さじ1は1.3 gと塩分量が違うので、使用量に注意を。
片栗粉	とろみ、衣	一般的なものでよい。ソースのとろみづけに使用。
小麦粉	とろみ、衣	一般的には薄力粉。ホワイトソースなどのとろみづけに使用。
油（植物油）	食感をよくする、風味	洋食ではオリーブ油のほか、クセのないサラダ油などが使われる。オリーブ油はイタリア料理のほか、油の風味を生かした料理に合う。
バター	香り、風味	洋食では、動物性油脂であるバターもよく使う。バターは微量のたんぱく質を含むため、独特の風味をもつ。この本では、加塩のバターで塩分濃度を決めているため、食塩不使用のものを使う場合は、塩少々を足すこと。
ハーブ類	香り	この本では、生のローズマリー、タイムなどを使っているが、なければドライでもよい。ドライのほうが香りが強く出るので、使う場合は量を減らして。

洋風料理は塩を計量すれば味が決まる

洋風料理は、塩とこしょうがあれば味つけできます。ただ、塩は、勘で振っても塩辛くなったり薄かったり。どうしてでしょうか。

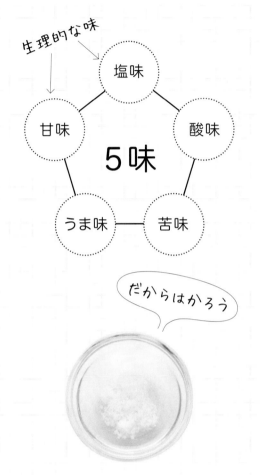

生理的な味

塩味
甘味
酸味
5味
うま味 — 苦味

だからはかろう

人がおいしいと感じる塩分濃度は約1%

調理科学では、味とは、塩味、甘味、酸味、苦味、うま味の5味からなっています。そのうち、塩味と甘味は、嗜好には関係ない「生理的な味」との位置づけ。塩味は、人の血液（体液）の塩分濃度0.9%に近い、0.8～1.1%あたりがおいしいと感じるとされています。この本ではわかりやすく、「人がおいしいと感じる塩分濃度は約1%」としています。それに対して甘味は、1～10%と、かなり広い濃度範囲でおいしいと感じることがわかっています。塩と砂糖ではおいしいと感じる味覚の幅が全く異なるのです。

洋風料理の味つけはほぼ塩だけ

さて、フレンチやイタリアンなど洋食では、しょうゆやみそを使わないため、味つけは塩で決まるといっても過言ではないでしょう。塩はしょうゆの5～6倍の塩分があるので、少量でも味がつきます。料理の味を常に安定させるには、塩を計量することをおすすめします。食材（スープなどは液体）の重さの1%と覚えて。

調味料のはかり方

はかり方には、重量と容量の2つの方法があります。重量はキッチンスケール、容量は計量スプーンを使います。

キッチンスケールではかる

キッチンスケールはデジタル式のものが正確でおすすめ。1g単位で表示のものでもよいが、できれば0.1g単位で表示されるとより正確。一見、めんどうそうだが、やってみると意外にラク。

肉のステーキやソテーの場合、買ったときのトレイのまま（ラップや肉の下のシートなどははずす）キッチンスケールにのせ、肉の重さをはかる。風袋引き機能（ゼロ表示）で一度ゼロにし、重さの1%の塩を振る。

計量スプーンではかる

よく使うのは、大さじ（15㎖）、
小さじ（5㎖）の２種類です。

＊容量ではかった調味料の重さを知りたい場合は、
p.103 の「主な調味料の重量換算表」を参考に。

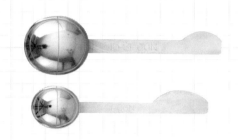

塩や砂糖などを計量スプーンに山盛りに入れ、
平らなもの（計量スプーンの柄、テーブルナイ
フなど）をスプーンの縁にすべらせて縁と同じ
高さにする。これが、すりきり１杯。

スプーンの高さ 2/3 ほど入れた状態が
1/2 杯にあたる（写真）。ちなみに、スプー
ンの高さの 1/2 ほど入れた状態が 1/3
杯にあたる。計量スプーンに 1/2 杯の
線が入っていたり、大さじ 1/2、小さじ
1/2 の計量スプーンもあるので、そう
いった器具を使うと便利。

少々、ひとつまみの目安

指でつまんではかる方法。自分の「少々」「ひとつまみ」がどのくらいなのか、キッチンスケー
ルで計量してみると感覚がつかめます。

少々

親指と人さし指の
２本でつまんだ
量。塩の場合は、
0.5g 前後。

ひと
つまみ

親指、人さし指、
中指の３本でつ
まんだ量。塩の場
合は、0.7 〜 1g。

こしょうを振る目安

こしょうは非常に軽く、キッチンスケー
ルを使ってもはかるのがむずかしいため、
目安を覚えて振るとよいでしょう。

食材100gあたり、
１〜２振りが標準
で、少々とレシピ
にあればこれが目
安。200g の肉の
場合、２〜３振り
を目安に。

【 主な調味料の塩分量の目安 】

しょうゆと塩を同じ感覚で使ったら失敗した、ということはありませんか。
調味料に含まれる塩分濃度は、ものによって違います。

調味料名	小さじ1に含まれる塩分量	大さじ1に含まれる塩分量
塩 (あら塩)	4.8g ≒ 5 g	14.5g
塩 (精製塩)	5.9g	17.8g
砂糖 (上白糖)	0g	0g
みりん (本みりん)	0g	0g
酒 (清酒)	0g	0g
料理酒	0.1g	0.3g
濃口しょうゆ	0.9g	2.6g
薄口しょうゆ	0.9g	2.9g
めんつゆ (ストレート)	0.2g	0.5g
酢 (米酢、穀物酢)	0g	0g
とんカツソース (濃厚ソース)	0.3g	1.0g
ウスターソース	0.5g	1.5g
中濃ソース	0.3g	1.0g
トマトケチャップ	0.2g	0.6g
マヨネーズ	0.1g	0.2g
オイスターソース	0.7g	2.1g
みそ (米こうじみそ)	0.7g	2.2g
みそ (白みそ、甘みそ)	0.4g	1.1g
みそ (麦みそ)	0.6g	1.9g
みそ (豆みそ)	0.6g	2.0g
豆板醤	1.2g	3.7g
粉チーズ	0.1g	0.2g
和風だし (顆粒)	1.6g	4.9g
顆粒スープ (コンソメ)	1.3g	3.9g
固形スープ (コンソメ)	1個＝2.5g	
中華だし (顆粒)	1.2g	3.6g

【 食材の重さの目安 】

個体差が大きいものもありますが覚えていると便利です。
レシピに掲載している重量は皮などを除いたものです。

分類	食材名	目安	重量	備考
肉	牛薄切り肉 (すき焼き用)	1枚	25g	
	牛肉 (ステーキ用)	1枚	200g	
	豚肉 (とんカツ、ステーキ用)	1枚	150g	
	豚薄切り肉	1枚	20〜25g	
	鶏むね肉	1枚	200〜300g	
	鶏もも肉	1枚	200〜300g	
	鶏ささ身	1本	50g	
	ベーコン	1枚	17g	
野菜	レタス	1枚	30g	1個=300g
	キャベツ	1枚	50g	1個=1200g
	なす	1個	80g	
	きゅうり	1本	100g	
	にら	1束	100g	
	小松菜	1束	200〜300g	
	ほうれんそう	1束	200g	
	トマト	1個	150〜200g	
	ごぼう	1本	150g	
	もやし	1袋	250g	
	にんじん	1本	150〜200g	
	パプリカ	1個	120g	
	ピーマン	1個	35g	
	ブロッコリー	1房	15g	1個=200g
	大根	1本	1000g	1cm=25g
	白菜	1枚	100g	1個=2000g
	玉ねぎ	1個	200g	
	かぼちゃ	1個	1200g	
	じゃがいも	1個	150g	
	れんこん	1節	180g	
	さつまいも	1本	250g	
	まいたけ	1パック	100g	
	えのきだけ	1袋	100g	
	エリンギ	1本	40g	1パック=100g
	しいたけ	1個	15g	
	しめじ	1パック	100g	
魚	たい (切り身)	1切れ	70〜100g	
	えび	1尾	10〜40g	
	鮭 (切り身)	1切れ	70〜100g	
	あさり (殻つき)	1個	8〜10g	

【 主な調味料の重量換算表 】

小さじや大さじ、カップではかったときの重さについて、まとめました。
調味料によって、重さは違うのです。

調味料名	小さじ 1（5mℓ）	大さじ 1（15mℓ）小さじ 3	1カップ（200mℓ） 小さじ40・大さじ13と小さじ1	比重
酒	5g	15g	200g	1
ワイン	5g	15g	200g	1
酢	5g	15g	200g	1
しょうゆ	6g	18g	230g	1.15
本みりん	6g	18g	230g	1.15
みりん風調味料	6g	19g	250g	1.25
みそ	6g	18g	230g	1.15
あら塩（並塩）	5g	15g	180g	0.9
食塩	6g	18g	240g	1.2
精製塩	6g	18g	240g	1.2
上白糖	3g	9g	130g	0.65
グラニュー糖	4g	12g	180g	0.9
はちみつ	7g	21g	280g	1.4
油	4g	12g	180g	0.9
コーンスターチ	2g	6g	100g	0.5
薄力粉	3g	9g	110g	0.55
強力粉	3g	9g	110g	0.55
片栗粉	3g	9g	130g	0.65
ベーキングパウダー	4g	12g	150g	0.75
生パン粉	1g	3g	40g	0.2
パン粉	1g	3g	40g	0.2
粉チーズ	2g	6g	90g	0.45
ごま	3g	9g	120g	0.6
マヨネーズ	4g	12g	190g	0.95
牛乳	5g	15g	210g	1.05

知ってなるほど調理の科学

この本に出てくる手順や理論を調理科学に沿って解説。なぜそのプロセスが必要なのかがわかると、料理の腕はぐんと上がります。

鶏肉の皮をパリパリに焼く ⇒ 冷たい状態のフライパンから入れ、重しをする

解説／皮目を下にして、常に皮全面がフライパンに当たっているようにする。熱したフライパンに入れると、たんぱく質が急激に収縮するため、フライパンに当たる部分とそうでない部分が凸凹になってしまい、焼きむらが生じる。特に皮にはコラーゲンが多く、焼くと元の長さの 1/3 に縮むため、重しをして物理的に力を加え、縮むのを抑える。
料理に応用／チキンソテー

とろとろのオムレツを焼く ⇒ ぬれぶきんにのせ、加熱を止める

解説／卵が半熟になるのは 70〜75℃と温度帯が狭い。そこで、卵は半熟になったら、フライパンをぬれぶきんの上にのせ、一気に温度を下げて加熱を止める。あとはゆっくりと成形して、木の葉形に形をととのえる。
料理に応用／オムレツ、オムライス

ハンバーグをジューシーに焼く ⇒ ひき肉に塩を加えてよくねり、ねばりを出す

解説／ひき肉は塩を加えて強い力でねると、たんぱく質中のアクチンとミオシンが変化し、強い粘着性や保水性が生まれる。
料理に応用／ハンバーグ、肉だんご

ハンバーグの生焼けを防ぐ ⇒ 薄く大きく成形。冷たいフライパンから入れる

解説／ハンバーグは加熱すると、大きさは縮むが、ふくらむ性質を考慮し、成形時は、薄く大きい形にする。また、中までしっかり加熱したいものは、冷たい状態のフライパンから入れて徐々に温度を上げていくと、周りと中心の温度差が少なく、生焼けを防ぐことができる。
料理に応用／ハンバーグ

煮くずれしないコツ ⇒ 鍋にすき間なく並べる。基本的に、動かさない

解説／鍋は小さめを選び、すき間なく入れると、鍋の中で動かないので煮くずれしにくい。また、裏返す、位置を変えるなどは極力行わないほうがよいが、どうしても必要な場合は注意を。特に魚は、50℃がいちばんやわらかい状態でくずれやすいので、加熱し始めは取り扱いに要注意。
料理に応用／ロールキャベツ、かぼちゃの煮物、魚の煮物

トマトソースの塩分濃度は？ ⇒ 0.6％ がおすすめ

解説／トマトソースは料理の材料の一つとして使うことが多いため、アレンジがきくよう、塩分濃度は控えめが正解。市販のトマトソースは塩分濃度 0.6％ のものが多い。
料理に応用／トマトソース

肉をそり返らせずに焼く ⇒ 肉の「筋」を切る

解説／筋は結合組織で、たんぱく質のコラーゲンが主成分。コラーゲンは 65℃以上で元の長さの 1/3 に収縮するため、肉をそり返らせずに焼くには筋を切ることが必要。筋は赤身と脂肪の境目にあり、脂肪に沿って何カ所か切り込みを入れる。
料理に応用／ポークソテー、とんカツ

肉をしっとり焼く ⇒ 肉に油をかけながら焼く=「アロゼ」をする

解説／肉や魚に油をかけながら焼くフランス料理の調理法を「アロゼ」という。アロゼのメリットは、①流れ出た肉汁を油といっしょに肉に戻す。②油をかけることで表面をコーティング、乾燥を防ぐ。③油は水よりも比熱が小さく、熱を伝えやすいため、火の通りが悪い場所にピンポイントで熱を入れられる。
料理に応用／ポークソテー、ステーキなどある程度厚みのある肉を焼くとき

ステーキの味つけは？ ⇒ 肉の重さの1%の塩を振れば、味が決まる

解説／人がおいしいと感じる塩分濃度は、血液とほぼ同じ約 1%のルールはステーキでも同じ。特にステーキは塩味がすべてなので、正確に計量すること。塩を振るタイミングは直前でよい。
料理に応用／肉のステーキ、ソテーなど全般

ステーキをミディアムレアに焼く ⇒ 高温・短時間が鉄則

解説／肉の厚みが 2cmまでで、ミディアムレア～ミディアムに仕上げる場合は、高温・短時間で焼き、外と中でわざと焼きむらをつくる。フライパンはかなり熱く(約 200℃) 熱する。強めの中火で 1 分 50 秒焼き、裏返して 1 分焼く。アルミホイルをかぶせ、あたたかいところで 10 分休ませる。なお、肉を常温にもどすには 2 時間以上かかるためもどさなくてよい。
料理に応用／ステーキ

サーモンの水分をおいしく抜く ⇒ 塩1：砂糖1で脱水する

解説／塩だけを使うと塩辛くなりすぎるため、半量は砂糖を使用。砂糖は水分と結合しやすく、食品の水分を奪う強力な脱水作用がある。
料理に応用／スモークサーモン、サーモンマリネ

えびのくさみを抜く ⇒ 塩、片栗粉でよくもんで洗う

解説／魚介類のくさみの原因はトリメチルアミンで、魚介のうま味成分が細菌によって分解されたもの。水にとける性質なので、魚介に塩を振って脱水させ、水分とともに除くことができるが、片栗粉を振ると、こまかい粒子が水分を吸着して脱臭効果が高まる。
料理に応用／えびを使う料理全般

あさりから砂を吐かせる ⇒ **3%濃度の塩水にひたす**

解説／あさりは海水程度の塩水につけて砂出しさせるというが、検証を重ねた結果、塩分濃度は約3%（水100㎖に3gの塩の割合）だとあさりの状態が良好であった。塩水の量は、あさりが酸欠にならないよう、半分ひたるくらいにするのが適当。
料理に応用／あさりを使う料理全般

アクアパッツァで魚介のうま味をスープに出す ⇒ **水から煮る**

解説／魚は水から煮ると、高温から入れるよりも、魚のたんぱく質やうま味成分がスープにとけ出しやすい。スープもおいしくしたい場合は、水から煮て沸騰させ、魚介のうま味を溶出させる。
料理に応用／アクアパッツァ、ブイヤベース

玉ねぎの甘みを引き出す ⇒ **しっかりと加熱する**

解説／玉ねぎには独特の刺激成分の硫化アリルが含まれており、これが糖をマスキングしているため、加熱して硫化アリルを分解・揮発させることが大切。そして、90℃以上の加熱で、細胞をつなぐペクチンが分解されて組織が壊されると、糖がとけ出し、その結果、甘みが出る。
料理に応用／玉ねぎを使う料理全般

サラダ用の葉物野菜をみずみずしく ⇒ **野菜の水きり器は使わない**

解説／ちぎった野菜は、より乾燥が進みやすい。表面の水分は野菜が吸収するので、野菜の水きり器にかけず、ざるに立てかけて自然に水きりさせる。
料理に応用／レタス、リーフレタス、サニーレタスなど

クッキングシートを使った落としぶたの作り方

鍋の口径に合わせてクッキングシートを切る。

四つ折りにする。

対角に1回折り、さらに折って細長い三角形にする。外周を丸く切る。

食材のもつうま味を引き出す ⇒ うま味の相乗効果をねらう

解説／うま味成分のグルタミン酸を含む食材を使い、さらに違う成分を組み合わせることで、うま味が飛躍的に増す（うま味の相乗効果）。和食の昆布とかつお節の組み合わせはよく知られているが、洋食でもこの方法はよく使われ、トマトのグルタミン酸×肉類のイノシン酸はその代表。

【うま味成分を含む食材】

グルタミン酸：昆布、チーズ、トマト、白菜、しょうゆ、みそ、玉ねぎ、ねぎ、グリーンアスパラガス、ブロッコリー、にんじん
イノシン酸：鶏肉、牛肉、かつお、かつお節、豚肉
グアニル酸：干ししいたけ、乾燥ポルチーニ
コハク酸：貝類
料理に応用／料理全般

洋風の米料理のまとめ ⇒ 米は洗わない、油で炒める

解説／米は洗うと、米の重さの 10％の水を吸うので、ピラフやパエリアなどかための炊き上がりにするには、米は洗わない。さらに、べたつきのない、パラリとした食感を出すために、米は油で炒めてから炊く。米の表面を油脂でおおうと、水や熱が米の中心部まで浸透しづらく、米の糊化が妨げられて独特の食感が生まれる。

【フライパンで作る場合】(この本ではパエリア)

水かげんは、米 180㎖（150g・1合・洗わない）＋ 水 220g ＝ 370g。

【炊飯器で作る場合】(この本ではピラフ)

水かげんは、米 180㎖（150g・1合・洗わない）＋ 水 180g ＝ 330g。

＊フライパンで作る場合は蒸発量が多いので、その分水が少し多め。

水蒸気などが抜けやすいよう、はさみで、何カ所か小さな三角形の切り込みを入れる。

でき上がり。

材料にはりつくよう、水でぬらしてしぼってから使う。

ホワイトソースの配合と調理法まとめ

この本では、ホワイトソースを使った料理が4つ出てきますが、それぞれ配合が違い、調理法も異なります。そこで、ホワイトソースについてまとめてみました。

★ ホワイトソースとは、牛乳に小麦粉などを加えて濃度をつけたもの。

ポイント ❶ 小麦粉の量

とろみかげんは、小麦粉と液体の比率（濃度）で決まる。そして、料理によって適した濃度が違う。

向く料理	小麦粉1に対する液体の量（総重量）	液体中の小麦粉の濃度
クリームコロッケ	一般的には 6～8倍 ⇩ 7倍で紹介	12～15%
グラタン、ドリア	一般的には 18～20倍 ⇩ ドリアを20倍で紹介	5%
シチュー、スープ	一般的には23～25倍 ⇩ シチュー、スープともに 25倍で紹介	4%

ポイント ❷ 小麦粉でとろみがつく温度

でんぷんの粒子は、水を加えて加熱すると、水を吸ってふくらみ、糊状になる性質がある。

小麦粉の糊化（とろみ）は、58℃から始まり、95℃以上で完全に安定する。このため、水分（牛乳）を加えたときは、58℃未満になっていることが大切。そうでないとだま（糊状に固まった小さな粒）ができる。

また、**なめらかで安定したとろみにするには、95℃以上にする必要があるため、必ず全体がぶくぶくするまで沸騰させる。**

ポイント ❸ 調理法

小麦粉で液体（牛乳）にとろみをつける方法はいくつかあり、この本でも3つの方法を紹介している。どの調理法で作ってもとろみはつくが、それぞれにメリット・デメリットがある。

調理法 #1

バターと小麦粉を炒めてホワイトルウを作る方法

この方法のメリット ⇒ バターと粉をよく炒めるので、香りと味が最もよい。舌ざわりがなめらかに仕上がる。

デメリット ⇒ 粉の炒めぐあいの見きわめが、初心者はむずかしい。だまになりやすい。

この方法で紹介した料理 ⇒ クリームシチュー

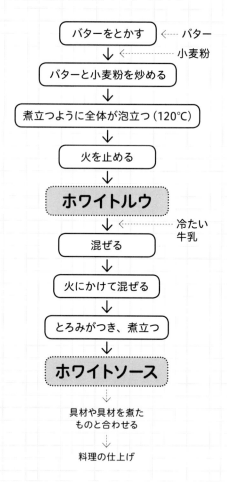

バターをとかす ⇐ バター
⇩ ⇐ 小麦粉
バターと小麦粉を炒める
⇩
煮立つように全体が泡立つ（120℃）
⇩
火を止める
⇩
ホワイトルウ
⇩ ⇐ 冷たい牛乳
混ぜる
⇩
火にかけて混ぜる
⇩
とろみがつき、煮立つ
⇩
ホワイトソース
⇩
具材や具材を煮たものと合わせる
⇩
料理の仕上げ

調理法 #2

具材をバターで炒めて小麦粉をからめ、牛乳を混ぜる方法

この方法のメリット ⇒ 粉を具材にまぶして分散させるので、だまになりにくい。
デメリット ⇒ 玉ねぎのみじん切りなど具材がないとできない。
この方法で紹介した料理 ⇒ クリームコロッケ、チキンとえびのドリア

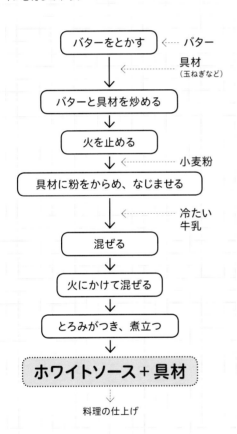

```
バターをとかす ←---- バター
                    具材
                    (玉ねぎなど)
       ↓      ←----
バターと具材を炒める
       ↓
   火を止める
       ↓      ←---- 小麦粉
具材に粉をからめ、なじませる
       ↓      ←---- 冷たい
                    牛乳
     混ぜる
       ↓
 火にかけて混ぜる
       ↓
 とろみがつき、煮立つ
       ↓
```

ホワイトソース + 具材

料理の仕上げ

調理法 #3

ブールマニエを作る方法

この方法のメリット ⇒ 簡単で失敗が少ない。冷凍ができる。だまになりにくい。
デメリット ⇒ 小麦粉のにおいが残りやすい（よく煮ること）。入れるタイミングをまちがえる（煮汁の温度が高い）とだまになりやすい。
この方法で紹介した料理 ⇒ きのこのクリームスープ

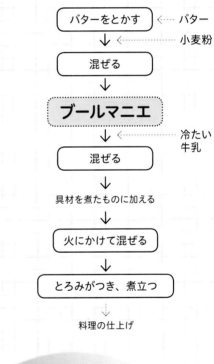

```
バターをとかす ←---- バター
       ↓      ←---- 小麦粉
     混ぜる
       ↓
```

ブールマニエ

```
       ↓      ←---- 冷たい
                    牛乳
     混ぜる
       ↓
具材を煮たものに加える
       ↓
 火にかけて混ぜる
       ↓
 とろみがつき、煮立つ
       ↓
   料理の仕上げ
```

パスタをおいしく作る極意まとめ

レシピページとパスタの量や太さ、ゆで時間が変わる場合はここを見て、水分量、塩の量を計算してください。気軽なイメージとは違い、実はむずかしいパスタ料理についてまとめました。

パスタのルール、この本での大前提

❶ パスタ（乾麺）は、ゆでると重さが約2.2倍になる。つまり、パスタ100gあたり、糊化する（ゆで上がる）のに、約120g（120㎖）の水を吸う。ゆで時間1/3で、約60gの水を吸う（吸水率50%）。

❷ ゆで上がったパスタはさらに、ソースとからめるのに約30gの水が必要。

❸ パスタは従来の方法（パスタの量の8〜10倍の塩水〈塩分濃度1.5%〉）だと、100gのパスタで約1gの塩を吸う。これを踏まえ、この本では、パスタ自体の味つけに、パスタ100gあたり塩1gが必要とする。

❹ パスタをゆでる際の蒸発量は、水から沸騰するまでに50㎖、沸騰後は1分間で約35㎖であることが、何回かの計測の結果でわかった。

❺ ゆで時間は、沸騰した状態からはかり、パスタの袋に記載されたゆで時間を目安とする。

❻ 一度に作る場合は、3人分までがおいしくできる。

ワンパン式で作る場合

ワンパン式とは⇒ パスタは別の鍋でゆでない。ひとつのフライパンに、水、パスタ、ソース、具材を順次入れ、袋に表示されたゆで時間を煮るように仕上げる調理方法。手軽にできると最近、人気が高まっている。

ワンパンパスタのメリット⇒別の鍋で湯を沸かさなくてよいので、火口がひとつでよい。フライパンひとつでできるので、洗い物が少なくてすむ。ソースのとろみが強く、パスタによくからむ。**向くパスタ料理** ⇒ ナポリタン、クリーム系パスタ、カルボナーラなど。強いとろみがついたほうがおいしいもの。

ワンパンパスタのデメリット⇒汁にとろみが強くつくため、パスタの表面がねばり、べたつく。**向かないパスタ料理**⇒オイル系、和風パスタなど、パスタのつるっとしたなめらかさ、プリッとした食感を大切にしたいもの。

この本でのワンパンパスタの公式

必要な水分量（パスタ100gあたり）

$$(\underline{}\text{g} \div 100) \times 150㎖ + (35㎖ \times \underline{}\text{分}) + 50㎖$$

食べるパスタ量 ↑

↑ パスタの糊化に必要な水分量（120㎖）＋ソースとからめるのに必要な水分量（30㎖）

↑ 1分間の蒸発量・パスタの重量に左右されない

↑ 袋の表示のゆで時間

↑ 沸騰するまでに蒸発する量

必要な塩分量（パスタ100gあたり）

$$(\underline{}\text{g} \div 100) \times 1\text{g}$$

食べるパスタ量 ↑

↑ パスタ100gあたり塩1g

＊＿＿＿に食べる量やゆで時間を入れて計算してください。
＊クリームパスタで、水の一部を牛乳にする場合、上の計算式でまずは水の量を出し、その範囲内で牛乳と水を調整する。

例1⇒　9分ゆでのパスタ100gの場合

水の量　$(100 \div 100) \times 150 + (35 \times 9) + 50 = 515㎖$　塩1g

例2⇒　7分ゆでのパスタ160gの場合

水の量　$(160 \div 100) \times 150 + (35 \times 7) + 50 = 535㎖$　塩 $1 \times 1.6 = 1.6$g

別鍋（前田式）で作る場合

別鍋式とは⇒ パスタは別の鍋でゆでる調理方法。湯の量は特に決まりはないが、パスタの8〜10倍が目安。この本ではおいしさを追求した前田式を紹介。まず、ゆでるときに塩は加えない。また、沸騰したらパスタを入れ、袋の表示ゆで時間の1/3だけをゆで、フライパンに移す。パスタのゆで汁、塩、ソース、具材を順に入れ、残りのゆで時間分を煮るようにして仕上げる。

別鍋（前田式）パスタのメリット⇒オイル系〜クリーム系まで、どのパスタにも対応。
従来のパスタのゆで方とワンパンのいいとこどり⇒パスタ独特のつるっ、プリッとした食感が味わえ、かつ、ソースがパスタによくからみ、味がしみる。　向くパスタ料理⇒すべてのパスタ
別鍋（前田式）パスタのデメリット⇒別鍋で湯を沸かすので火口が2つ必要。慣れるまで手順が少々複雑。
向かないパスタ料理⇒なし

この本での別鍋（前田式）パスタの公式

必要な水分量（パスタ100gあたり）

$$(\underline{\quad} g \div 100) \times 90ml + (35ml \times \underline{\quad} 分)$$

食べるパスタ量

パスタの糊化に
必要な水分の1/2量
（60ml）
＋
ソースとからめるのに
必要な水分量
（30ml）

1分間の蒸発量・
パスタの重量に
左右されない

袋の表示の
残りの
ゆで時間

必要な塩分量（パスタ100gあたり）

$$(\underline{\quad} g \div 100) \times 1g$$

食べるパスタ量

パスタ100gあ
たり塩1g

＊ _____ に食べる量やフライパンに移したあとの残りの
ゆで時間（下の表を参照）を入れて計算してください。

例1⇒　9分ゆでのパスタ100gの場合

＊別鍋で袋の表示ゆで時間の1/3（3分）ゆでるので、残り時間は6分

ゆで汁の量　$(100 \div 100) \times 90 + (35 \times 6) = 300ml$　塩1g

例2⇒　7分ゆでのパスタ160gの場合

＊別鍋で袋の表示ゆで時間の1/3（約2分30秒）ゆでるので、残り時間は約4分30秒

ゆで汁の量　$(160 \div 100) \times 90 + (35 \times 4.5) = 301.5 \fallingdotseq 302$　塩$1 \times 1.6 = 1.6g$

残りのゆで時間の目安

パスタの種類	別鍋で1/3ゆでる時間の目安	フライパンに移したあとの残りのゆで時間
5分ゆでパスタ	1分30秒	3分30秒
7分ゆでパスタ	2分30秒	4分30秒

前田量子 （まえだりょうこ）

料理家。管理栄養士。前田量子料理教室主宰。一般社団法人日本ロジカル調理協会代表理事。
東京理科大学卒業後、織田栄養専門学校にて栄養学を学ぶ。
東京會舘、辻留料理塾、柳原料理教室、ル・コルドンブルーにて料理を学ぶ。
保育園や病院での勤務、カフェ経営を経て、調理科学に基づいた料理を教える教室を主宰。
「洋食」「和食＆中華」「お菓子」の年間コースを開講している。
栄養士の専門学校で調理学実習の講師も担当。
本格的なのに誰もが再現しやすく、調理科学に裏づけされたレシピ作りに定評があり、
美しい盛りつけが好評で、雑誌やテレビ CM、企業へのレシピ提供なども多く手掛ける。
『誰でも 1 回で味が決まるロジカル調理』『ロジカル和食』『考えないお弁当』（すべて主婦の友社）が大好評発売中。

参考文献
時代とともに歩む 新しい調理学 第 2 版（編集：川端晶子・大羽和子・森高初惠）/ 学建書院、新版調理と理論 学生版（山崎清子・島田キミエ・渋川祥子・下村道子）/ 同文書院、新食品成分表 7 訂 2019/ とうほう、調理のためのベーシックデータ第 4 版、第 5 版 / 女子栄養大学出版部、調理学の基本第 4 版（編著：中嶋加代子）/ 同文書院

※各料理のプロセス動画は、主婦の友チャンネルにアップされています。QR コードからアクセスできない場合やパソコンでごらんになる際は、ご活用ください。
https://www.youtube.com/channel/UCT2BvtUfH8k6nkVf7FOTRpw

STAFF

撮影（スチール＆動画）　大井一範
スタイリング　石川美加子
調理アシスタント
清水涼子、吉田千穂、楢山亜都子、
佐藤絵理、岩﨑幸枝

装丁・デザイン・アートディレクション
加藤京子（Sidekick）
デザインアシスタント　川北薫乃子（Sidekick）
編集　杉岾伸香（管理栄養士）
動画編集　大井彩冬
編集担当　宮川知子（主婦の友社）

おうちで一流レストランの味になる
ロジカル洋食
2020 年 10 月 31 日 第 1 刷発行

著　者　前田量子（まえだりょうこ）
発行者　平野健一
発行所　株式会社主婦の友社
　　　　〒 141-0021 東京都品川区上大崎 3-1-1
　　　　　　　　　目黒セントラルスクエア
　　　　電話 03-5280-7537 （編集）
　　　　　　　03-5280-7551 （販売）
印刷所　大日本印刷株式会社

© Ryoko Maeda 2020 Printed in Japan ISBN978-4-07-443683-5